职业教育市场营销专业精品教材

推 销 实 务

（第 2 版）

叶 青　李嘉怡　主编

黎奕林　李思泳　钟娟玲　赖高雄　张　琼　参编

电子工业出版社
Publishing House of Electronics Industry
北京·BEIJING

内 容 简 介

本教材以新入职推销员小紫和小蓝为主线，通过向推销主管大雄和推销经理佳敏学习推销实务和技巧的过程将教学内容全面展开，阐述了推销过程的7个项目：走进推销、寻找顾客、约见和接近顾客、和顾客洽谈、处理顾客异议、促成交易、售后工作。

本书为职业院校学生量身定做，以够用、实用为原则，每个项目都设置了导入案例、知识链接、任务小结、课堂活动、思考与练习等模块内容。

本书适合作为职业院校市场营销及相关专业教材，也可供相关从业人员参考。

本书配有电子资料包（含课件、习题答案等），请登录华信教育资源网www.hxedu.com.cn下载。

未经许可，不得以任何方式复制或抄袭本书之部分或全部内容。

版权所有，侵权必究。

图书在版编目（CIP）数据

推销实务 / 叶青，李嘉怡主编. —2版. —北京：电子工业出版社，2019.6
ISBN 978-7-121-36850-9

Ⅰ. ①推… Ⅱ. ①叶… ②李… Ⅲ. ①推销－职业教育－教材 Ⅳ. ① F713.3

中国版本图书馆 CIP 数据核字（2019）第 118159 号

责任编辑：陈　虹
印　　刷：河北虎彩印刷有限公司
装　　订：河北虎彩印刷有限公司
出版发行：电子工业出版社
　　　　　北京市海淀区万寿路 173 信箱　邮编　100036
开　　本：787×1 092　1/16　印张：13.5　字数：345.6千字
版　　次：2013 年 3 月第 1 版
　　　　　2019 年 6 月第 2 版
印　　次：2025 年 8 月第 8 次印刷
定　　价：33.00 元

凡所购买电子工业出版社图书有缺损问题，请向购买书店调换。若书店售缺，请与本社发行部联系，联系及邮购电话：（010）88254888，88258888。

质量投诉请发邮件至zlts@phei.com.cn，盗版侵权举报请发邮件至dbqq@phei.com.cn。

本书咨询联系方式：chitty@phei.com.cn。

前　言

　　本教材自2013年出版发行后，受到了全国各职业学校市场营销专业广大师生的喜爱。作为职业教育市场营销专业精品教材，本书按照项目教学法的模式编写，其结构特点是项目引导、任务驱动和活动实现；以"实用、适用、够用"为编写原则，以"应用"和"能用"为编写重点，以"深入浅出、生动有趣"为编写风格，并通过大量实践来深化理论学习，竭力做到"知行合一"。借助本教材，教师可以进行简单明了的实操或用案例诠释晦涩难懂的内容，并通过生动的图表和有趣的语言，大大提高学生学习的兴趣。

　　为了与不断变化的市场环境同步，为了紧扣"实用、适用"的编写原则，在经历了6年的酝酿和积累后，《推销实务》推出了第2版。第2版在保留第1版优点和特色的基础上，做出了优化、改进和创新，主要体现在以下几点。

　　（1）删除了不符合当今市场环境的案例，将一些已过时的案例进行更新，同时新增了一些社会热点案例。

　　（2）对某些知识点进行了更新，特别是在电商平台发展势头猛烈的态势下，加入了如何推销商品，以及推销的新技巧、新方式等方面的知识。

　　（3）对部分实操实训内容进行了修改，使学生更容易操作，更能发挥所长。

　　（4）对教材中的图表、数据进行了更新。

　　（5）部分章节增添了"小提示""知识卡"等额外内容。

　　《推销技巧》第2版比第1版在结构上更趋合理，知识点更贴近生活和融入社会，第1版特有的"图文并茂""风趣幽默"编写风格依然在第2版中完全保留。老师在教学过程中必然能更得心应手，学生在学习过程中也更能融会贯通，最终提高课堂教学效果。

　　本书由广东省财经职业技术学校叶青、李嘉怡主编，黎奕林、李思泳、钟娟玲、赖高雄、张琼参与编写。

　　最后，再次感谢在使用本教材过程中提出宝贵意见和建议的专家和同行。

编　者

目 录

导读

书中人物介绍

小紫——钻研型销售者。女，20 岁，刚入职的推销助理。

小蓝——较真型销售者。男，20 岁，刚入职的推销助理。

大雄——经验型销售者。男，28 岁，有 5 年推销经验的推销主管。

佳敏——智慧型销售者。女，32 岁，有 10 年推销经验的推销经理。

小紫和小蓝是公司刚刚招进的新员工，这是他们的第一份工作，面对这个全新的职业，他们有着太多的期待和惶恐……幸运的是，他们有两位良师益友——大雄和佳敏，他们的推销主管和推销经理，集经验与理论于一身的推销前辈。从此，他们一起开始了推销征途的漫漫历程。

项目一

拨开迷雾看推销——走进推销

导入案例

推销一瓶水的抓狂面试

一家公司以角色扮演的方式，对前来应聘的推销员汤姆、杰克和约翰进行面试，并从中录取一人。

主考官拿来一瓶水并告诉他们，一个营销人员最重要的是，以敏锐的眼光发现客户对推销产品的潜在需求，然后想方设法满足它。不论用什么方式，一定要将这瓶水卖出去。现在，假如我就是那位客户，你们怎么推销呢？

汤姆拿着那瓶水走了过去，说道："先生您好，通过刚才跟您交谈，我学到了很多东西，您滔滔不绝的口才，更让我对您钦佩有加，讲了这么多话，您现在口渴了吧？要不要来瓶水？"主考官失望地摇了摇头，说："光知道拍马屁是没用的。"

杰克点头哈腰地走过去，低三下四地哀求道："先生您是一位仁慈的人，我家里上有老下有小，都等着我去养，可我到现在还没有找到一份正式工作，您能不能发发慈悲，可怜可怜我，买下这瓶水？"主考官依然面无表情地摇了摇头说："没有人会因为可怜你而买你的产品。"

轮到约翰了，只见他一步跨过去，从口袋里摸出一个打火机，然后一把扯住主考官的领带，"啪"的一下点着了领带，问道："先生，您需要这瓶水吗？"

"你要干什么？我当然要了。"主考官惊魂未定，抢过水，浇灭了领带上的火，自嘲地说，"好小子，你被录用了。"

最后，约翰被录用了。

当然，这只是杜撰的一则案例，但也表达出了推销的要义。

在这场推销当中，汤姆、杰克都是只单纯地推销，无论是奉承客户还是利用客户的同情心，都没能够充分地挖掘出客户的需求。只有约翰，在主考官"不论你们用什么方式，一定要把这瓶水卖出去"的条件下，抓住了"水火相克"的关键点，先点燃火，激发客户的需求，再趁机卖水，可谓创造了一种需求。

案例思考

（1）推销员约翰的成功之处表现在哪里？他是如何做到的？

（2）你从中得到了哪些启示？

任务一　推销的概念和要素

今天是小紫和小蓝第一天上班的日子，从今天开始，他们就是推销大军中的一员了，兴奋的他们一早就来到了公司。在等待上班之时，他们就"什么是推销"争论了起来："推销就是说服别人购买我的商品！""不，推销就是客户拉得越多越好，市场占得越大越好！""不对，推销就是创造需求，让顾客相信自己！""推销就是要学王婆卖瓜，要嘴皮子！"……

就在谁也说服不了谁时，大雄进来了，他们不约而同地问道："雄哥，什么是推销？"看着这两位好学的新手，大雄娓娓道来……

一、现代推销的概念

案例 1-1

大家平常是吃鸡蛋多还是鸭蛋多？答案一定是鸡蛋多。从营养学的角度来说，两者的差别不大，那为什么我们吃的鸡蛋比鸭蛋多呢？因为母鸡每下一个鸡蛋，便咯嗒咯嗒地叫个不停，以便引起人们的注意。与母鸡截然不同的是，母鸭下蛋后，总是一声不吭，并且常常是在夜深人静的时候。

案例分析

什么是推销？母鸡的做法就是推销。

课堂随笔

推销实务（第2版）

推销伴随着商品的产生而产生，并伴随着商品的发展而发展，商品生产越发达，推销就越重要。但是随着商品经济和科学技术的不断发展，以及社会的不断进步，推销活动又被注入新的内容和方式，焕发出新的生机与活力。所以说，推销是一个既古老又年轻的概念。下面就从广义和狭义两个方面来理解推销。

1．广义的推销

广义的推销是指推销人员采用一定的技巧，传递有关信息，刺激推销对象，使其接受并实施推销内容的活动与过程。推销是一种说服、暗示，也是一种沟通、要求。生活中处处充满着推销，例如，同学毕业求职面试，公司工作计划的贯彻执行，政治家的游说演讲，青年男女的求爱，甚至婴儿的啼哭与微笑，等等。

2．狭义的推销

狭义的推销是指推销人员以满足双方利益或需要为出发点，主动运用各种技巧，向推销对象传递产品或劳务的相关信息，使推销对象接受并购买相关产品或劳务的活动过程。本书所要研究的是狭义的推销。

在现实生活中，有些人认为推销就是想方设法地卖出商品，赚取利润，把产品销售出去就是推销的唯一目标，这种观点是对推销的错误理解。正确理解推销的含义应注意以下几个方面的问题。

（1）推销就是发掘和满足顾客的需求，帮助和说服顾客购买。推销的目标是双重的，既要售出产品，又必须满足顾客的需要。推销是买和卖的统一，没有顾客的"买"，也就不可能有推销员的"卖"，所以推销员要将产品推销出去，就必须了解顾客现实和潜在的需要，刺激顾客的需求欲望，促使顾客自觉购买。

（2）推销是一种"双赢"的公平交易活动。推销人员和推销对象是推销活动的两个重要方面，都有各自特定的利益和目的。要想将生意做得好，就要使买卖双方都满意，单从任何一方出发考虑问题，生意都不可能成交。推销员要想获得利润，就必须从顾客的利益出发，使顾客从购买的产品中获得利益，所谓"买者欢喜，卖者得意"。

（3）在推销过程中，推销人员要运用一定的方法和技巧。推销是科学、是艺术，同时也是一种技能。推销人员在推销过程中必须掌握推销的基本原理和基本技能，在此基础上发挥个人的主观能动性，灵活运用各种推销方法和技巧，才能顺利达成交易。

小案例

一艘轮船航行在汪洋大海上，几个国家的商人正在船上开会。突然船漏水了，眼看船要下沉，全船的人都十分惊恐。于是，船长将船员叫过来，对他说："快，通知船上的商人都穿上救生衣，跳进海里去。"过了一会儿，船员过来了，向船长汇报说他们都不愿往水里跳。船长说："真是个笨蛋，看我的。"一会儿船长回来了，对船员说："他们都已经跳进海里了。"船员们围着船长问："您用了什么方法让他们都跳下去了呢？"船长说："我用的是心理学的方法。我对英国人说，跳下去是绅士风度的体现；对法国人说，跳下去是很浪漫的；对德国人说，跳下去是命令；对意大利人说，跳下去是不被基督教禁止的；对美国人说，跳下去，因为你买了保险。"

二、推销的三要素

推销要素是指构成推销活动过程的内在基本因素，它包括推销人员、推销对象和推销品3个基本要素，如图1-1所示，这3个要素是推销活动得以实现的必要因素。在这3个要素中，推销人员和推销对象是商品推销活动的主体；推销品是商品推销活动的客体，是被推销人员所推销、被推销对象所接受的有形或无形的商品。

推销人员 → 推销品 → 推销对象

图1-1　推销活动的三要素

【情景体验】

假如你是一位公司推销员，需要向教师推销保温杯。（请同学演示）

资料：高真空二层不锈钢保温杯

① 容量370cc，颜色：红、蓝、黑、灰；

② 不漏水设计，附过滤茶网；

③ 附杯套，便于携带外出，居家办公使用两相宜，因不结水汽，故不会弄脏杯套；

④ 特殊杯身设计，易于掌握，口径5.8cm，易将冰块放入杯中；

⑤ 荣获多国专利，中国大陆专利号码；

⑥ 保温、保冷效果均佳。保温6小时之后的开水仍有51℃以上。

请思考：在这次推销活动中，构成推销活动的三要素是什么？

1．推销人员

推销人员是指主动向推销对象销售商品的推销主体，推销人员有各种类型，这里主要指专门从事商业性推销工作的专业推销人员。在推销的3个要素中，推销人员是最关键的要素，是推销的灵魂，在整个推销过程中发挥着重要作用。这就要求推销人员必须具备良好的素质、丰富的知识和经验，能够熟练地运用各种推销方法和技巧。推销人员的主要任务就是通过走访顾客，发掘顾客的需要，在为顾客服务的同时，说服顾客购买企业的产品或服务。

在推销活动中，推销人员要想成功地推销商品，首先要成功地推销自己。推销是与人打交道的工作，在推销活动中，人和产品同等重要。推销的成功与否，往往取决于推销人员的服务精神和服务态度，顾客只有喜欢其为人、个性和风格，才会进而购买其产品。所以"推销，首先是推销你自己"，这是现代推销强调的一个基本原则。在实践中，如果推销员一见顾客就问"买不买"或"要不要"，基本上都会碰壁。原因就在于，在顾客接受推销员这个人之前谈论产品，顾客本能的反应就是推诿和拒绝，并让其及早离开。有一条推销戒律是这样说的：一开口就谈生意的人是二流推销员。

案例 1-2

某食品研究所生产了一种饮料，一名女大学生前往一家公司推销，她拿出两瓶样品怯生生地说："这是我们刚研制的新产品，想请你们销售。"经理好奇地打量了一眼这个文绉绉的推销员，正要一口回绝，却被同事叫去听电话，就随口说了声："你稍等。"打完了一个漫长的电话后，经理已忘记了这件事。这样，这位推销员整整坐了几个小时的冷板凳。临下班时，经理才"发现"这位等回话的大学生，感动得要请她吃饭。面对这个腼腆的姑娘，经常与吹得天花乱坠的推销员打交道的老资格经理，内心一下子感到很踏实，当场拍板进货。

课堂随笔

案例分析

这个案例说明，推销员在与顾客交往中，首先要用自己的人格魅力吸引对方。

2. 推销对象

推销对象又称顾客或购买者，包括各种现实顾客、潜在顾客及购买决策人等。推销对象也是推销活动的主体之一，直接参与推销的过程，没有推销对象就不会有推销活动。推销对象是推销人员推销的目标，是说服的对象。依据购买者所购商品的性质及使用目的的不同，可以将推销对象分为个体购买者和组织购买者。个体购买者购买商品的目的是满足个人和家庭生活的需要，而组织购买者的购买目的是生产、转售等需要。作为推销对象的顾客至少应具备两个条件：一是存在着对某种商品或劳务的需求；二是有足够的货币支付能力。

3. 推销品

推销品是推销活动的客体。所谓推销品是指推销人员向推销对象推销的各种有形和无形商品的总称，包括商品、服务、观念等。从现代营销的角度来看，推销人员向顾客推销的是整体产品，而不仅仅是具有某种实物形态和用途的物理学意义上的产品。所谓整体产品是指能提供给顾客满足某种需求和欲望的有形或无形的任何东西，既包括物理特性如形态、体积、质量、味道、色彩、式样等一切有形物品，也包括意识特征如思想、观念、主意、服务等无形的东西。作为推销活动的一个基本因素，推销品必然会影响推销活动的各个方面和环节，如推销品的性质、质量、价格、体积等，都会影响推销活动的具体方式和难易程度。在推销活动中，如果不了解推销品的特性、用途乃至维修保养方面的知识，就无法胜任推销工作。

案例 1-3

在一次展销会上，一位顾客看中一台机器，想了解一下它是用什么钢材制造的、轮子朝哪个方向旋转，推销员却回答不出。客户十分不满地说："你来推销产品，自己都弄不明白，别人敢买吗？"

案例分析

这个案例说明，推销员一定要了解自己所推销的产品。

课堂随笔

推销员只有了解自己的产品，才能详细地向顾客说明产品能带给顾客什么利益，能满足顾客哪些需要；只有了解自己的产品，才能圆满地回答顾客提出的疑问，从而消除顾客的异议；只有了解自己的产品，才能指导顾客如何更好地使用和保管产品，以便顾客重复购买。推销员应当做到：了解产品性能的程度使内行人感到惊讶；了解产品用途的程度使顾客感到惊讶。

三、营销、促销与推销的关系

在现实生活中，我们经常听到营销、促销和推销这 3 个词，许多人将它们混为一谈，其实这 3 个词的含义是不同的。

营销指企业以顾客需要为出发点，综合运用各种战略和策略，把商品和服务整体地销售给顾客，尽可能地满足顾客需求，最终实现企业自身目标的经营活动。

促销是市场营销的策略之一，是指利用各种有效的方法和手段，使消费者了解和注意企业的产品，激发消费者的购买欲望，并促使其实现购买行为的活动。

推销是促销的手段之一，也是大多数企业开展促销活动的首选方式。

营销、促销和推销是包容的关系。营销的内涵广泛，营销策略包括产品策略、价格策略、渠道策略和促销策略；促销是营销策略的一个组成部分，包括人员推销、广告、营业推广、公共关系等；而推销只是促销的一种手段。三者的关系如图1-2所示。

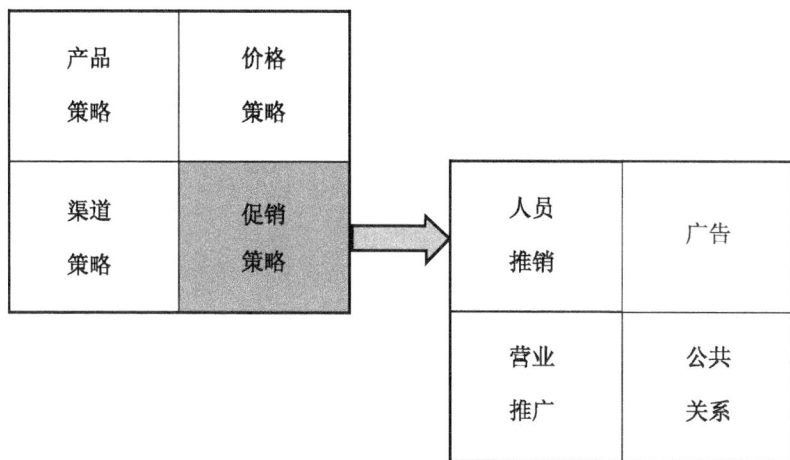

图1-2　营销、促销和推销的关系

由此可见，推销并不等于促销，更不等于营销。营销活动包括市场调研，市场细分，目标市场选择，市场定位，产品、价格、促销、分销渠道等营销策略；而推销仅仅是企业营销活动的一部分，它必须服从于营销的目标。

推销也许不是营销活动中最重要的部分，但对大多数企业来说，它对整个营销系统发挥着独特的、不可或缺的作用。

四、推销观念

所谓推销观念，就是指推销员在推销过程中的指导思想和行动指南。推销观念指导着推销员的推销目的和推销态度，影响着推销员对各种推销方法和技巧的运用。随着生产的发展、科技的进步、推销环境的变化，推销观念的发展大致经历了3个阶段：产品导向推销观念、技巧导向推销观念、现代推销观念。

1. 产品导向推销观念

产品导向推销观念是指推销员主要依靠产品本身优势实现推销的观念。在社会生产力低下、商品供不应求的卖方市场状况下，产品在市场上自然就处于"皇帝的女儿不愁嫁"的状态。这个时候是"生产什么，就卖什么"，根本就不需要考虑如何推销的问题，就像

美国福特汽车公司创始人福特曾经神气地说"不管客户需要什么颜色的汽车，我的汽车就是黑色的"，即使这样，工厂外面的顾客仍排起长龙，等候着刚刚从生产线上下来的黑色汽车。所有商家都期待这种"酒香不怕巷子深"的时代长存，但随着生产力的发展，这种时代已经一去不复返了。

2.技巧导向推销观念

技巧导向推销观念是指推销员认为只要掌握和运用各种推销技巧就能够达成交易的观念。不管是白猫还是黑猫，只要抓到客户就是好猫。持有这种观念的推销员非常注重推销技巧的提高，往往把推销的成功归于自己推销技巧的高超，把推销的失败归于推销技巧的不成熟。他们往往不关心客户的真正需求，而只关心自己的销售业绩，常常会把顾客根本不需要的产品推销给顾客。推销就像一场拳击搏斗，在这场争斗中，顾客必须是"被击倒的对象"，推销人员采取各种技巧和手段，赢得顾客，获得订单。这种观念是在生产力水平不高、市场竞争激烈、顾客的购买行为还不成熟的背景下产生的。

案例 1-4

某一地区，有两个报童在卖同一份报纸，两个人是竞争对手。

第一个报童很勤奋，每天沿街叫卖，嗓子也很响亮，可每天卖出的报纸并不多，而且还有减少的趋势。

第二个报童肯用脑子，除沿街叫卖外，他还每天坚持去一些固定场合，去了后就给大家分发报纸，过一会儿再来收钱。地方越跑越熟，报纸卖出去的也就越来越多。在这种情况下，第一个报童能卖出去的也就越来越少，不得不另谋生路了。

课堂随笔

案例分析

启示：第二个报童技高一筹，帮助了别人，赢得了顾客。

请问：这两个报童在推销观念上有什么不同？

知识链接

你觉得这个说法对不对：一个最理想的推销员必须冲破一切阻力，成功地向任何人推销商品，这样的推销可以不惜采取不道德的手段把产品塞到顾客手中。

推销实务（第2版）

3．现代推销观念

现代推销观念是指推销员应以满足客户的某种需要为中心，向有需求的顾客推销产品和服务。

随着生产力的提高、科学技术的发展，市场竞争越来越激烈，商品供求出现了买方市场。现代营销观念主张"温和式"的推销方针，推销人员必须具备良好的经商道德，其推销活动必须既有利于公司或企业，又有利于顾客或客户。世界上最伟大的推销员乔•吉拉德曾经说过"我把推销出去的汽车当成嫁出去的女儿"，这句话正是这种观念的真实体现。我的女儿嫁到你家是否孝敬老人？是否尽到了妻子的责任？在这种观念的指导下，企业会提供优质的售后服务，尽可能满足客户的需要。

案例 1-6

一位赴美访问学者在一个小城的商店看中了一台打印机，当他准备付钱买下来带回中国时，那位推销员却对他说："我建议你不要买，因为这是中国造的，你回国买更方便些。"说着，推销员还特地把打印机翻过来，让他看产地的标签。

访问学者很惊讶，百思不得其解，美国的推销员为什么可以为了顾客的方便而放弃到手的生意？

课堂随笔

案例分析

启示：一部分生意人考虑最多的是怎样把顾客口袋里的钱掏出来，甚至为了赚钱，挖空心思，变着花样来宰顾客，至于送上门的生意更是求之不得，哪有到手的钱不赚的呢？对案例中的这个美国商人来说，尽管一时少赚了钱，但是他赢得了顾客的心。这已经不是单纯为了赚钱而赚钱，而是把经商上升到一种新的境界——顾客至上，赚钱赚心。

请问：这位美国的推销员为什么这样做？

推销观念演练

有一套商品房，朝向、楼层、结构都很好，价格也实惠，唯一的缺点是附近有一家工厂，上班时间（上午8点到下午6点）噪声较大。

如果你是推销员，请问如何运用不同的推销观念把房子推销出去？

任务小结

通过学习，小紫和小蓝明白了推销就是指推销人员以满足双方利益或需要为出发点，主动运用各种技巧，向推销对象传递产品或劳务的相关信息，使推销对象接受并购买相关产品或劳务的活动过程。推销包括3个要素：推销人员、推销对象和推销品。营销、促销和推销有着本质的区别。推销观念的发展经历了3个阶段：产品导向推销观念、技巧导向推销观念、现代推销观念。

课堂活动

活动一　一分钟自我推销演练

1．活动目的

进行自我推销演练，一是便于授课教师迅速掌握全班学生情况，以便以后针对性地组织开展教学活动；二是加深同学间的相互了解；三是可以锻炼学生上台发言的口头表达能力，而这种胆量和说话能力正是从事推销工作所不可缺少的。

2．活动内容和步骤

（1）学生按照授课教师的要求，精心写一份自我推销介绍词，并利用课余时间反复演练，直至内容熟练、神情自然。

（2）安排课堂时间让学生上讲台进行一分钟自我推销演练，包括问候，我是谁（姓名、来自哪里、个人兴趣爱好、专长、家庭情况、对学习推销课程的认识和学习期望等）。

第一步，上台问候。跑步上台，站稳后先向所有人问好，然后进行自我介绍。注意要热情，面带微笑。

第二步，正式内容演练，即自我推销介绍。注意音量、站姿、介绍顺序、肢体动作等。

第三步，致谢回座。对所有人说"谢谢"后才能按教师示意回到座位。

（3）任课教师根据表1-1的评分标准给每位同学打分，评出优胜者。

表1-1　学生自我推销演练评分表

评价内容	分　值	评分标准	得　分
神态、举止	55	声音大小10分、热情展示7分、面带微笑10分、站姿8分、肢体语言5分、语言表达10分、服装得体5分	
介绍词内容	35	内容新颖、独特，顺序自然	
时间掌控	10	时间为1分钟，不足或超时均扣分	

推销实务（第2版）

活动二　分析案例，加深对推销的认识

1. 活动目的

通过对案例的分析，加深学生对推销的认识。

2. 活动内容和步骤

（1）阅读以下案例。

王清雨的苦恼

王清雨即将结束市场营销学专业的学习了。他的父亲是某市一家药店的小老板，在经营方面已取得相当的成就，认为如果有儿子的帮助，生意一定会锦上添花。王清雨面临着选择：或是去帮助父亲料理生意，或是走一条也许属于自己的路——去为某家大型制药企业做推销员。王清雨找来几位朋友，想听听他们对这件事的看法。朋友大多认为王清雨应该到外面闯一闯，有的说："看守一个药店实在没有什么意思。"还有的说："坐等别人上门来购买，很难了解外面精彩的世界。"王清雨听了这些话后感到很苦恼，仍不知该如何选择。

（2）各小组成员认真研读案例并填写表1-2。

表1-2　对案例的分析记录

问　　题	分 析 记 录
现代推销学的知识对于小药店的推销是否同样具有指导意义	
王清雨应该如何做才能将自己所学的现代推销学知识应用于小药店的推销工作	
你认为王清雨应该去药店帮助父亲打理生意还是去做大型制药企业的药品推销员？说明理由	

（3）小组成员交流并分享对案例的分析结果。

（4）各组选派一名代表在班内交流分享案例分析结果。

（5）任课教师对各组的交流结果做出评价和指导，并组织评选优胜组。

任务二　推销人员的素质和能力

小紫和小蓝已经上班一周了,今天他们又有了新问题:推销员的推销成功靠的是什么?是独特的销售手段,还是推销员的人格魅力,或者是勤奋、努力的工作态度?带着这些问题,他们来到了销售经理佳敏的办公室。佳敏认真地回答:"你们说的也对也不对,作为一名推销员,他们所推销的不仅仅是产品,更重要的是……"

一、推销人员的素质

知识链接

优秀的推销员究竟是一些什么样的人呢?第一,推销员优秀与否,与长相无关,推销成功的人并不一定是长得漂亮的人;第二,优秀推销员并不都是学历高的人,如日本"推销之神"原一平只有小学学历;第三,优秀推销员不分年龄大小,如李嘉诚17岁干推销即创出优异成绩,齐藤竹之助57岁干推销,7年后就创出世界第一的业绩;第四,优秀推销员和性格是内向还是外向无关,如美国年销售额达10亿美元的乔·坎多尔弗是典型的内向性格的人,他形容自己"见人低头,不敢高声说话"。许多人认为优秀推销员是吃苦耐劳的人,这种认识是对的,但一位推销专家告诫:"勤奋的双脚也要走在正确的道路上。"

当今市场竞争日益激烈,企业经营者越来越意识到销售对企业的重要性,而推销人员的素质直接影响着推销业绩。所谓推销人员的素质,是指推销人员胜任推销工作的综合能力,包括推销人员应具备的思想素质、文化素质、心理素质和身体素质。

知识链接

推销人员的4个层次

美国推销心理学者德格鲁特将推销员分成4个等级:推销办事员、推销助理、推销工程师和推销大师。

（1）推销办事员。这类人员是订单接受者，仅具备基本的商贸知识和对公司产品、价格、服务等方面的了解，由公司分派固定客户，只负责为顾客介绍产品、按时送货及收款。在推销工作中，推销办事员是一个全面被动的工作人员。

（2）推销助理。这类人员具备推销工作所需的知识和技能，但尚不全面。他们能够协助或代理其他人员进行推销工作，但还不能独立工作，往往缺乏与顾客进行洽谈并促成交易的技巧，在推销工作中常常处于被动地位。

（3）推销工程师。这类人员具备独立进行推销所需的全部技能，尤其是促成顾客交易的技能。他们在接到公司的推销任务后，能够对推销工作进行全面的分析和规划，并加以实施，在推销工作中基本处于主动地位。

（4）推销大师，即一般通称的推销专家。推销大师具有娴熟的推销技能，并能创造性地进行工作，所有客户自己开发，每天接受挑战，业绩惊人。他们在工作中全面主动，并能够指导他人完成推销工作。

案例 1-6

有一位汽车推销员，刚开始卖车时，老板给他一个月的试用期。29天过去了，他一辆车也没有卖出去。最后一天，老板准备收回他的车钥匙，告诉他明天不用来公司了。这位推销员坚持说，还没到晚上12点，自己还有机会。

于是，这位推销员坐在车里继续等。接近午夜时，传来了敲门声——敲门的是一位卖锅者，身上挂满了锅，冻得浑身发抖。原来卖锅者看见车里有光亮，想问问车主要不要一口锅。推销员看到这个家伙比自己还落魄，就请他坐到自己车里来取暖，并递上热咖啡。两人开始聊天，这位推销员问："如果我买了你的锅，接下来你会怎样做？"卖锅者说："继续赶路，卖掉下一个。"推销员又问："全部卖完了以后呢？""回去再背上几十口锅出来卖。"推销员继续问，"如果你想使自己的锅越卖越多，越卖越远，你该怎么办？"卖锅者说："那就得考虑买辆车，不过现在买不起……"两个人越聊越起劲，天亮时，这位卖锅者订了一辆车，提货时间是5个月以后，订金是一口锅的钱。

因为有了这张订单，推销员被老板留了下来。他一边卖车，一边帮助卖锅者寻找市场，卖锅者生意越做越大，3个月以后，提前提走了一辆送货用的车。推销员从说服卖锅者签下订单起，就坚定了信心，相信自己一定能找到更多的客户。同时，从第一份订单中，他也悟到一个道理，推销是一门双赢的艺术，如果只想到为自己赚钱，是很难打动客户的心的；只有设身处地地为客户着想，帮助客户成长或解决客户的烦恼，才能赢得订单。秉承这种推销理念，15年间，这位推销员卖了1万多辆汽车。这个人就是被誉为"世界上最伟大的推销员"的乔·吉拉德。

案例分析

　　当你一次又一次地被拒绝时，请对自己说，我还有机会，并且坚信：成功就在下一个路口等你。

课堂随笔

1. 思想素质

（1）强烈的推销意识。现代推销人员最首要的思想素质就是热爱自己所从事的推销工作，有强烈的推销意识。所谓推销意识，就是一种时刻具备的强烈的达成交易的潜在心理。只有热爱本职工作，才会有内驱力，才会感觉到工作的意义，才会用饱满的热情感染顾客。推销员之所以成绩差，都是因为不爱自己的职业、不爱自己的企业或不爱自己所推销的商品；成绩好的推销员都有一个共同的特点，即爱工作、爱企业、爱推销的商品。

小游戏

放回形针

游戏过程：

准备一个透明玻璃杯，两盒回形针（约200个），一瓶水。在玻璃杯中倒满水（呈将要溢出状）。

提问：在杯子中放入一枚回形针，水会溢出吗？

请3位学生上台，依次轻轻往杯中放入回形针，其他同学计数（实验结果证明可以放入上百枚甚至更多的回形针，数量远超出学生的想象）。

游戏感悟：学生谈在游戏中的收获和感受。

教师引导小结：如果将这个杯子的容量比作我们每个人自身能力的话，那么这一杯水就是我们在大家面前所展示出来的能力，看起来好像已经完全展露，再也容不下了。但只要我们敢于去尝试，我们每个人身上都还有难以想象的潜能，这些潜能犹如一座有待开发的金矿，蕴藏丰富，价值连城。

教师提出问题：你的身边有没有挖掘自身潜能、获得成功的职业生涯的事例？

学生分组讨论。

（2）正确的经营思想。现代推销观念要求推销人员把消费者的需求视为企业的推销目标。推销员是企业利润的实现者，是顾客的良师益友，是企业的形象代表。推销人员只有具备正确的经营思想，想方设法为顾客排忧解难，才能在推销活动中处处维护企业的形象，完成销售任务；在当今的市场条件下，商品供应充足，卖者之间竞争激烈，推销员要想赢得顾客，不仅要向顾客提供满意的产品，而且必须切实树立为顾客服务的思想，视顾客为"衣食父母"。

（3）良好的道德品质。推销活动是一项塑造形象、建立声誉的崇高事业。良好的道德素养是现代企业推销人员必备的一个基本条件。推销员良好的道德品质主要体现在两个方面：一是对企业的忠诚，二是对顾客的诚实。诚实对于企业的销售来说无疑是非常关键的，包括真实地反映情况，不歪曲事实，能够及时地察觉问题的真相等。许多企业都将这一点作为优秀推销人员的首要要素。

推销员要做到诚实，需注意以下两点。

一是介绍产品实事求是，切忌夸大其词或片面宣传。例如，一位推销员向顾客介绍新产品乳化橘子香精的性能时，既讲优点，又讲缺点，最后还讲了他们提高产品质量的措施。诚实的态度赢得了用户的信赖，订货量远远超出生产能力。

二是遵守诺言。推销员常常通过向顾客许诺来打消顾客的顾虑。例如，许诺承担质量风险，保证商品优质，保证赔偿顾客的损失；答应在购买时间、数量、价格、交货期、服务等方面给顾客提供优惠。推销员一旦许下诺言，就要不折不扣地实现诺言。为了赢得交易的成功而胡乱许诺，其结果必定是失去客户信赖。

小游戏

口是心非

两个同学一组，一个同学负责提问，问题的答案只能是是与否，另一个同学作答，回答时，用点头或摇头表示正确答案，嘴里说出错误答案。

2. 文化素质

推销工作是一项极富挑战性的工作，推销人员除要具备过硬的思想素质外，还要具备较宽广的知识底蕴和高超的推销技巧。

案例 1-7

爱若和布若同时受雇于一家超级市场，开始时大家都一样，从底层干起。可不久爱若便受到总经理的青睐，一再被提升，从领班一直到部门经理。布若却像被人遗忘了一般，还在底层混。终于有一天布若忍无可忍，向总经理递上辞呈，并痛斥总经理用人不公平。

总经理耐心地听着，他了解这个小伙子，工作肯吃苦，但似乎缺少了点什么，缺什么呢？他忽然有了个主意。"布若先生，"总经理说，"请您马上到集市上去，看看今天有什么卖的。"布若很快从集市回来说，刚才集市上只有一个农民拉了一车土豆卖。"一车大约有多少袋，多少斤？"总经理问。布若又跑去，回来说有 10 袋。"价格多少？"布若再次跑到集市上。

总经理望着跑得气喘吁吁的布若说："请休息一会儿吧，你可以看看爱若是怎么做的。"说完他叫来爱若："爱若先生，请你马上到集市上去，看看今天有什么卖的。"爱若很快从集市回来了，汇报说到现在为止只有一个农民在卖土豆，有 10 袋，价格适中，质量很好，他带回几个让经理看。这个农民过一会儿还将有几筐西红柿上市，据他看价格还公道，可以进一些货，所以他不仅带回了几个西红柿作为样品，而且把那个农民也带来了，现在正在外面等回话呢。总经理看了一眼红了脸的布若，说："请他进来。"

课堂随笔

案例分析

爱若由于比布若多想了几步，于是在工作上取得了成功。

（1）丰富的专业知识。推销员所具备的专业知识主要表现在以下几个方面。

① 企业知识。掌握企业知识，一方面是为了满足顾客的需求，另一方面是为了使推销活动体现企业的方针政策，达成企业的整体目标。企业知识主要包括企业的历史、企业的方针政策、企业的规章制度、企业的生产规模和生产能力、企业在同行中的地位、企业的销售策略、企业的服务项目等。

② 产品知识。推销员掌握产品知识的最低标准是顾客想了解什么、想知道多少。顾客在采取购买行动之前，总是要设法了解产品的特征，以减小购买的风险。通常，越是技术上比较复杂、价值或价格高的产品，顾客要了解的产品知识就越多。掌握产品知识，是为了更好地了解自己的推销客体，更好地向用户介绍产品，从而增强自己的推销信心和顾客的购买信心。

③ 市场知识。市场是企业和推销员的基本舞台，了解市场运行的基本原理和市场营销活动的方法，是推销获得成功的重要条件。推销员掌握的市场知识应当是非常广泛的，但并不要求推销员对这些学科知识有很深的掌握，对一些基本的常识有所了解即可。这些

推销实务（第 2 版）

学科知识包括市场营销学、市场调查与预测、经济学、金融学、经济法、企业管理、广告学等，尤其要懂得市场知识，掌握市场调查、预测、商务谈判和推销的技巧。

④ 顾客知识。推销员需要掌握的顾客方面的知识，主要是购买心理和购买行为相关的知识。因此，应掌握有效心理学、公共关系学、人际关系学等知识，以便能科学地分析顾客的购买心理和行为，并选择恰当的推销策略和技巧。

⑤ 社会知识。推销员除需要掌握以上专业知识外，还应当了解基本的礼仪、语言、民俗、宗教等社会知识，一个人的社会知识越丰富，越懂得人情世故，工作就越好开展，推销工作也不例外。

（2）高超的推销技巧。随着商品品种日益增多，技术性能越来越高，消费需求越来越多样化，对推销技巧的要求也越来越高。推销员要善于挖掘和发现消费者的需求，选择合适的时机进行推销洽谈；运用各种促销手段宣传商品，吸引顾客；掌握商品的技术性能，熟练运用各种展示方法介绍产品优点，赢得顾客赞同；随机应变，正确处理顾客异议；灵活运用各种技巧，促使交易达成；强化顾客购买商品后的满意度。

3．心理素质

从推销的角度讲，心理素质是指推销员在推销过程中应具备的心理品质。推销员成天与人打交道，要经受无数次的挫折与打击，要应付形形色色的推销对象，必须加强心理训练，培养正确的推销态度和心理品质。良好的心理素质是指有很强的抵抗挫折的能力，遇到困难与失败时，能保持情绪稳定，以高昂的精神状态去面对环境的压力。

良好的心理素质是对推销员的第一要求。推销是最容易遭遇挫折的职业，推销员经常会受到冷落、拒绝、嘲讽、挖苦、打击，遭受失败，每一次挫折都可能导致情绪的低落、自我形象的萎缩或意志的消沉，最终影响业务的拓展，或者干脆退出竞争。在市场竞争激烈的环境中，推销人员若没有良好的心理素质，无论其他各方面的条件多么好，也难以完成销售任务。

推销人员应具备的心理素质包括以下方面。

（1）信心。自信是推销成功的第一秘诀，相信自己能够取得成功，是推销员取得成功的绝对条件。乔·吉拉德说过"信心是推销员胜利的法宝"。推销员的信心，就是推销员在从事推销活动时坚信自己能够取得推销成功的心理状态。信心是动力，信心是力量。每天工作开始的时候，都要鼓励自己："我是最优秀的！我是最棒的！"

推销是向顾客提供利益的工作。推销员必须坚信自己的产品能够给顾客带来利益，坚信自己的推销是服务顾客，才会说服顾客。反之，推销员对自己的工作和产品缺乏自信，将推销理解为求人办事，看顾客的脸色，听顾客说难听话，那么将一事无成。

相信自己的产品，相信自己的企业，相信自己的推销能力，相信自己肯定能取得成功。这种自信能使推销员发挥出才能，战胜各种困难，最终获得成功。

课堂活动

活动一　寻宝

寻宝方式：我开始喜欢我自己，因为……

寻宝要求：①必须实事求是；②必须是自己的优点或特长，也可以是自己的进步；③每个人至少找到自己的5个"珍宝"。

活动二　优点轰炸

小组成员轮流坐到中央，其他成员从他身上找特别的地方，然后用发自内心的语言赞美对方。

团体分享：当别人赞美你时，你的感觉如何？你赞美别人时，通常赞美哪些地方？你能给所有的人不同的赞美吗？你在赞美别人时，感到自然吗？为什么会这样？是否有一些优点是自己以前没有意识到的？是否加强了你对自身优点、长处的认识？

（2）诚心。凡事要有诚心，心态是决定一个人做事能否成功的基本因素。作为一名推销人员，必须抱着一颗真诚的心，诚恳地对待客户、对待同事，只有这样，别人才会尊重你，把你当作朋友。推销员是公司形象和企业素质的体现，是连接企业与社会、消费者和经销商的枢纽，推销员的言行举止会直接关系到公司的形象。无论你从事哪方面的业务，都要用一颗真挚的诚心去面对客户、同事和朋友。待人以诚，可以获得他人的信赖和爱心，会帮助你获得事业的成功。

案例 1-8

日本著名企业家江口出身贫寒，20岁时在一家机器公司当推销员。有一段时期，他推销机器非常顺利，半个月内就同43位顾客做成了生意。一天，他偶然发现他正在卖的这种机器比别家公司生产的同样性能的机器贵一些。他想：如果客户知道了，一定以为我在欺骗他们，会对自己的信用产生怀疑。深感不安的江口立即带着合约和订单，花了整整5天的时间逐个拜访客户，如实向客户说明情况，并请客户重新考虑。

这种诚实的做法使每个客户很感动。结果，43个客户中没有一个解除合约，反而都成了他更加忠实的客户。

课堂随笔

案例分析

告诉客户真相不一定会有所损失，客户可能会因为你的诚实而变得更加忠诚。

推销实务（第3版）

（3）耐心。一个没有耐心的推销员是很难成功的，因为这样的推销员一遇到困难就会想到放弃，而放弃正是推销的大敌。推销是一条漫长又艰辛的路，不但要时时保持十足的冲劲，更要秉持一贯的信念，自我激励，自我启发，才能渡过重重难关。

在销售过程中处处都需要耐心，每天要拜访很多客户，要填写很多报表，有人说：销售工作的一半是用脚跑出来的，另一半是靠动脑子得来的。要不断地去拜访客户，去协调客户，甚至跟踪客户，提供服务。这些工作绝不是一帆风顺的，会遇到很多困难。因此，推销员要有解决问题的耐心，要有百折不挠的精神，要有坚强的意志力，只有这样才能做好销售工作。

知识链接

日本推销专家古河长次郎认为，一位成功的推销员应领会"低""赏""感""微"4个字。

"低"，就是低姿态，即谦虚的意思。常言礼多人不怪，推销员在行礼时，头越低，越谦虚，成功的概率越高。尤其在处理顾客的抱怨时，你低头道歉，顾客自嘴里吐出的"子弹"（咆哮）也就越头而过，不仅伤害不到你，反而会令顾客对你产生好印象。

"赏"，就是赞美词。美国人际关系专家卡耐基曾说：推销员赞美顾客的话应当像铃铛一样摇得叮当响。古河长次郎将自己多年的工作经验，编成了600套赞美词，用于在不同的场合中赞美顾客。例如，他看到顾客的小男孩，就弯下腰一边摸小孩的头（最好摸两圈半），一边说："好聪明呀，将来必像你爸爸一样做大生意。"如果是小女孩，则说，"好漂亮呀，长大一定跟妈妈一样是个美人儿。"推销要先开启顾客的心，而赞美词就是一味"开心"的特效药。

"感"，就是感谢词，如谢谢您。古河长次郎认为中文的"谢谢您"是最动听的词，推销员要常说谢谢您，并且一边说，一边面带微笑注视对方。谢谢您，发自内心的这么一句短短的话，会让你受益无穷。

"微"，就是微笑。古河长次郎说，推销员训练的第一课就应当是微笑，每天要对着镜子练习。日本一位推销员，在家中的厕所里安装了一面镜子，在上厕所时也要对着镜子练习微笑。推销工作不适合绷着脸的哲学博士，而适合那些虽然只有初中、高中学历但脸上始终阳光灿烂的人。

4. 身体素质

推销工作既是一项复杂的脑力劳动，也是一项艰苦的体力劳动。强健的身体是推销事业成功的基础和重要保证。推销人员必须拥有健康的身体、充沛的精力,才能胜任推销工作。

二、推销人员的职业能力

一定的思想素质、文化素质、心理素质与身体素质,只是作为一名好的推销员的基本条件。要想成为一名成功的推销人员,还必须具备以下几项能力。

1. 良好的语言表达能力

语言是传递信息、交流思想和感情的工具。推销员每天要接待不同的顾客,在推销活动中主要借助语言来介绍推销品带给顾客的利益。能否激发顾客的欲望、最终促成交易,语言能力是关键要素。推销中的语言能力是指推销人员在推销过程中驾驭语言的能力。语言有口头语言和文字语言,作为推销和交际的手段,推销人员必须熟练地掌握它,提高自身的语言表达能力。语言表达能力主要体现在以下几个方面。

(1)语言表达要准确和清晰,言简意赅。推销人员要能够使用准确、清晰的语言向顾客介绍商品信息,交流感情,说服顾客。这是对推销人员最基本的要求。如果说话含混不清、吐字不准,或者词不达意、没有逻辑性,就会影响推销人员与顾客之间的沟通和交流。

(2)语言要有针对性。在推销活动中,语言是表达自己的愿望和要求的,推销员的语言要有较强的针对性,做到有的放矢。模糊、啰唆、前言不搭后语、思路不清的语言,不仅不能引起顾客对商品的兴趣,反而会使顾客产生疑惑和反感,成为推销的障碍。在推销活动中要针对不同的商品、不同的顾客,有针对性地使用不同的语言,才能保证推销成功。例如,对脾气急躁、性格直爽的顾客,运用简短明快的语言可能受欢迎;对慢条斯理的顾客,采用春风化雨般的倾心长谈可能效果更好。在推销活动中,要充分考虑顾客的性格、情绪、习惯、文化及需求状况的差异,恰当地使用有针对性的语言。

案例 1-9

一位妇女走进一家鞋店,试穿了许多双鞋子,却没有找到一双合脚的。店员对她说:"太太,我们不能合您的意,是因为您的一只脚比另一只大。"这位妇女气愤地走出鞋店,没有买任何东西。

在另一家鞋店里,试穿被证明是同样的困难。最后,笑眯眯的店员解释道:"太太,您知道您的一只脚比另一只小吗?"最后,这位妇女高兴地离开了这家鞋店,腋下携着两双新鞋子。

课堂随笔

（3）讲究语言的艺术性。艺术性主要表现在语言表达的灵活性、创造性和情境适用性上。例如，一位信徒向神父请示："我在祈祷的时候可以抽烟吗？"神父听后十分生气，指责他不虔诚。几天后，另一位信徒也去向神父请示："我在抽烟的时候可以祈祷吗？"却得到了神父的允许。同样的要求，仅仅是变换了一个问法，竟会产生完全相反的效果，可见语言的艺术性是多么的重要。成功的推销都是推销员运用语言艺术的结果。

（4）要恰当地使用肢体语言。推销员利用姿势、手势、眼神、表情等来表达自己的思想和意图，往往可在推销过程中发挥重要的作用。在一些特殊环境里，有时需要沉默，因为恰到好处的沉默可以取得意想不到的良好效果。

此外，语言能力还包括对于对方书面语言的理解能力、对公文写作知识的熟悉程度、对于合同用语的熟悉程度等。

小游戏

做动作，猜词语

每组派两位同学，一位同学负责做动作，一位同学猜动作所代表的词语，时间短者获胜。词语如下。

① 人物；

② 动物；

③ 体育；

④ 情感；

⑤ 升级版（句子）。

2．敏锐的洞察能力

所谓敏锐的洞察能力，就是指善于洞察顾客心理活动的能力，或者善于站在顾客立场上思考问题的能力。

首先，在推销过程中，推销员应该从顾客的谈话用词、语气、动作、神态等微妙的变化中洞察对方的心理过程，这对销售成功是至关重要的。观察不是简单地看，很多推销人员的第一堂课就是学会"看"市场，这个"看"不是随意地浏览，而是用专业的眼光和知识去细心地观察，通过观察发现重要的信息。例如，一般人到卖场逛逛可能知道什么产品在促销，什么产品多少钱，而专业的推销人员可以观察出更多信息。

其次，敏锐的洞察力表现在推销员特别善于倾听。在推销过程中，"倾听"其实比"劝说"更加重要，善于倾听的推销员能充分调动对方的积极性，让对方产生如遇知己的感觉。

善于倾听的要点在于：推销员的肢体语言与口头语言和顾客说话的内容高度一致。如顾客在讲述他艰苦奋斗的创业史时，善于倾听的推销员就会表露出敬佩的表情，甚至适当地睁大眼睛并用一些感叹词来配合顾客的述说，肯定对方，从而调动顾客说话的积极性，为深入交谈创造条件；又如顾客在讲一个笑话，那么无论这个笑话是否可笑，推销人员的职责都是配合以朗声大笑，这也是善于倾听的表现。而一个推销人员是否善于倾听，是以他是否具有敏锐的洞察力为基础的。

案例 1-10

一个人寿保险员与 7 个朋友在一家军官俱乐部共进午餐。就座者当中有一个是他的竞争对手，其他大都是企业家和专业人员。进餐期间，这个保险员特别注意聆听这一小群人闲聊的每一句话，因为在他看来，他们的每一句话都有可能隐含着一个有价值的潜在顾客的线索。一位妇人提到，她正与其他两个人合伙准备进行一次新的冒险。保险员的脑子里立刻联想到这家新公司的高级主管需要进行"重点人物"保险；另一个人谈到他刚有了一对双胞胎，这就是说，他的家庭责任加大了他投保的需要；还有一个人用了好长时间讲他的孙子和孙女，他为他们感到异常自豪，这样，此人就很可能会为他的孙子和孙女购买教育或医疗保险。由于这位保险员从这些随随便便的谈话中搜集到了信息，所以在后来他做成了两笔大买卖。而坐在同一餐桌前的那位竞争对手显然没有觉察到那些人的话对寻找潜在顾客的意义。

课堂随笔

案例分析

正是因为这个人寿保险员具有敏锐的洞察力，才做成了两笔大买卖。

3．较强的社交和沟通能力

推销员向顾客推销的过程，实际上是沟通信息的过程。沟通能力是推销人员必不可缺的能力。沟通有两层含义：一是准确地采集对方信息，了解对方的真正意图，同时将自己的信息准确地传达给对方；二是通过恰当的交流方式（如语气、语调、表情、神态、说话方式等）使得谈话双方容易达成共识。

推销员必须善于与他人交往，有较强的社交和沟通能力，才能维持和发展与顾客之间长期稳定的关系。推销员在与顾客交往的过程中，要热情诚恳，对人友善，设身处地地为顾客着想，替顾客分忧，这样才能取得顾客的信任、理解、支持与合作。

表示友善的最好方法就是微笑，只要养成逢人就展露亲切微笑的好习惯，肯定能广得人缘，生意兴隆。友善就是真诚的微笑、开朗的心胸，加上亲切的态度。微笑代表了礼貌、友善、亲切与欢快，它没有成本，也无须努力，但它使人感到舒适，乐于接受。

推销员还要有广泛的兴趣和爱好，能与不同年龄、职业、性格、地位、爱好的人交朋友，成为他人的良师益友。

知识链接

让别人喜欢你的6种方法

卡耐基曾总结过6种非常有效的方法：

（1）真诚地关心别人；

（2）经常微笑；

（3）记住别人的姓名；

（4）倾听，鼓励别人多谈他自己的事；

（5）谈论他人感兴趣的话题；

（6）让他人觉得自己很重要。

小游戏

两人夹糖果游戏

可以由多组人同时参加，每组两人，双方各拿一根筷子，同时把糖果从讲台夹到桌子上，在规定时间内夹的数量最多者为获胜者。

游戏感悟：让学生畅谈在游戏中的收获和感受。

4. 随机应变的能力

应变能力是指人对突然发生的情况和尚未预料到的情况的适应、应付能力。推销员在推销过程中会遇到千奇百怪的人和事，情况也总处在不断变化之中，经常会出现各种意外的突发状况。当这些突发状况出现时，一旦推销人员缺乏处理异常情况的临场应变能力，就会陷于被动，可能导致推销失败。面对复杂多变的情况，推销员要善于对突发的情况进行快速分析，分析情况变化的原因，做出新的判断，冷静而沉着地处理各种可能出现的问题，根据情况的变化调整推销的策略和方法，提出各种变通方案，尽快妥善解决。因此，推销员一定要有随机应变的能力。

一对商人夫妇想要买一幅画作为新居的装饰品，他们选中了一幅牡丹画作，推销员开始介绍："牡丹代表大富大贵，你们有品位、有眼光"顾客正打算购买时，太太说话了："你看这幅牡丹图最上面的那朵花，竟然没有画完，不是代表富贵不全吗？"先生觉得很有道理，的确有"富贵不全"的缺憾，眼看生意要泡汤，推销员又说了："最上面的这朵牡丹花确实没有画完它该有的边框，其实它是没有边的意思，说的是富贵无边呀！"这对夫妇于是很高兴地买下了这幅具有深意且完美的画作。

课堂随笔

案例分析

这位推销员利用自己沉着冷静的应变能力，避开并化解了不利因素，做到了不因为不利因素的出现而影响成交，反而扭转局面，促成交易。

5. 创新能力

推销工作是一项极富挑战性的工作，每一次的推销过程都不可能是前一次的重复和翻版，都可能会出现新的情况，面临新的问题。推销人员必须注重敏锐、好奇、进取等创造性能力的培养，不断开拓新市场，采用新方法，解决新问题。对推销人员而言，开拓一个新市场，发掘一个新客户，采用一种别出心裁的推销手段，都必须依赖开拓创新的精神和能力。

国王为了挑选继承人，给两个儿子出了个难题："给你们两匹马，白马给老大，黄马给老二，你们骑马到清泉边去饮水，谁的马走得慢，谁就是赢家。"

老大想用"拖"的办法取胜，而老二则抢过老大的白马飞驰而去。结果弟弟胜了，因为他骑的是老大的马，自己的马自然就落到了后面。

哥哥失利之后心中不服，说弟弟取巧就算了，还使用蛮力，属于犯规。国王说，我没有设立什么规矩啊。

哥哥还是不服，说应该再比一次，不准用抢的，弟弟如还能赢我就甘愿认输。

国王看看弟弟，弟弟表示可以再比一次。

于是哥哥和弟弟又准备开始比了，这回还是比赛马，谁走得慢谁赢。

这次让这哥俩到马棚里自己挑马。结果哥哥率先跑进马棚，挑了一匹最差的病恹恹的蹩脚马，弟弟却不紧不慢随便找了一匹马。

这回哥哥心里暗暗冷笑，小样，看你这回怎么赢我。

比赛开始了，一声号令，只见一匹马好似离弦之箭，瞬间到达河边，大伙定睛一看，是老大骑着的那匹蹩脚马，而老二在后面晃晃悠悠，原来号令一响，老二在老大的马屁股上戳了一剑。

结果还是弟弟赢。

这叫什么，善赢者总能找到智慧的方法。

"骑马思维"说穿了就是"创造性思维"。其特点是：跳出平庸、出奇制胜！

案例分析

创新是推销员创造佳绩的必备条件和重要能力。

课堂随笔

6．不断学习的能力

学习是做好任何事情的首要前提，想要成为强者，最快的方式就是向强者学习。同样，想要成为一个优秀的推销员，学习别人的优点也是最快的方法。推销员要与各行各业、各种层次的顾客接触，而不同的顾客所关注的话题和内容是不同的。推销员应该清楚不同的顾客喜欢谈论什么样的话题，进而才能与对方有共同语言，谈起话来才能投机。这就要求推销员要具有广博而不一定深精的知识面。因此，推销员要不断地充电和学习，以使自己拥有较广博的知识，跟上时代的步伐，也就是要博览群书，养成不断学习的习惯，还要向身边的人学习、向顾客学习、向同事请教，培养不断学习的能力。

一个推销员还要勤思考、勤总结，养成日总结、周总结、月总结、年总结的习惯。推销员每天面对的客户不同，就要用不同的方式进行沟通，只有不断地去思考、去总结，才能与客户达成最满意的交易。推销员所需要接触的知识甚为广泛，从营销知识到财务、管理及相关行业知识等都有所涉及。可以说，销售是"综合素质"的竞争，面对如此多的知识和信息，没有极强的学习能力是无法参与竞争的，在速度决定胜负、速度决定前途的今天势必会被淘汰。学习不但是一种心态，更应该是一种生活方式。在 21 世纪，谁会学习，谁就会成功，学习不仅能够提高自己的竞争力，也能够提高企业的竞争力。

推销也许是一个人人都能做的工作，但绝不是每个人都能做好的工作，不管是推销产品还是服务，不断地学习与总结都是做好推销工作的前提之一。

任务小结

在佳敏的循循善诱下，小紫和小蓝明白了，作为一个成功的推销员应具备的素质包括思想素质、文化素质、心理素质和身体素质。而优秀的推销员还应该具备良好的语言表达能力、敏锐的洞察能力、较强的社交和沟通能力、随机应变的能力、创新能力和不断学习的能力。

课堂活动

活动一　看推销小品

1. 活动目的

通过情景小品模拟演练，掌握现代推销的含义，纠正对推销的认识偏差。

2. 活动内容和步骤

（1）组织学生观看赵本山小品《卖拐》片段。

（2）小组成员讨论以下问题并填写表1-3。

表1-3　对案例的分析记录

问　题	分析记录
分析该小品中的推销三要素是什么，各有何特点	
赵本山扮演的推销员具备的哪些素质和能力是值得你借鉴的	
这种推销行为是否符合现代推销的含义，为什么	
如何对该推销过程进行改进？修改台词，找三名同学表演	

（3）小组成员交流并分享讨论结果。

（4）各组选派一名代表在全班交流分析结果。

（5）任课教师对各组的交流结果做出评价和指导，并组织评选出优胜组。

活动二　游戏：解手链

通过小组合作打破人际交往的坚冰，培养团队精神，增强团队凝聚力，帮助小组成员更好地了解团队沟通与合作的重要性。

一、活动目的

（1）使小组充满活力。

（2）让大家动起来、笑起来。

（3）增强团队凝聚力。

二、活动内容和步骤

（1）老师将全体学生分组，每组围着站成一个圆圈（11人一组为最佳）。

推销实务（第2版）

（2）老师指定任意一个学生说："先举起你的右手，握住对面那个人的手；再举起你的左手，握住另外一个人的手。"接下来请其他学员照着第一个学员同样的方法做，直到所有学员的手都彼此相握。

（3）现在他们面临一个问题，在不松开的情况下，要想办法把一个错综复杂的结解开。解开的标准是，只要小组成员呈现一个大圈或是两个套着的环，就视为解开。

（4）如果实在解不开，培训师可允许学员决定相邻两只手断开一次，但再次进行时必须马上封闭。

三、小组有关讨论

（1）你在游戏开始时的感觉怎样？是否思路很混乱？

（2）当解开了一点以后，你的想法是否发生了变化？

（3）最后问题得到了解决，你是不是很开心？

（4）在这个过程中，你学到了什么？

（5）这个游戏对团队中的冲突和竞争合作有什么启示？

游戏启示：合作中的冲突在所难免，关键是我们要正确认识冲突与竞争合作的关系，冲突与竞争合作的关系可以用下面三点来详细说明。

① 冲突关系：彼此目标不一致，对抗情绪高，互相帮助少，不信任对方，常采取损人利己的手段，以致互相影响，甚至互相妨碍，结果可能出现多种情形。

② 竞争关系：彼此目标不一致，对抗情绪低，互相帮助少，部分信任对手，双方相对独立，平行行动，互不妨碍，结果是一胜一负。

③ 合作关系：彼此目标一致，对抗情绪低，互相帮助多，彼此互相依赖，既利人又利己，相互协作，互通有无，相互促进，结果是双赢。

任务三　推销人员的推销礼仪

小蓝终于找到一家对他们公司产品感兴趣的大公司，该公司经理同意与小蓝面谈合作事宜。小蓝对这次面谈十分重视，特意穿上笔挺的西装、发亮的皮鞋和一双刚买的白色球袜来到对方公司。在与对方面谈时，小蓝不免有些紧张，坐在椅子上的双腿不停地晃动，手指也不时地在腿上敲击。面谈结束后，对方只是淡淡地说："以后再联系吧。"推销经理佳敏向对方询问原因后对小蓝说："这次失败的主要原因在你自己身上。"小蓝一头雾水……

细节决定成败，在推销活动中也一样，如果你的推销准备得非常充分、信心十足，但却无法让客户和你达成交易，很多时候问题就出在你的推销礼仪方面，一句话、一个动作、一件服饰是否得体，都会影响你在客户心中的形象。因此，作为企业对外交往的代表和企业文化的诠释者，推销人员必须注重礼仪。这是一个推销人员的基本素质，也是推销工作成败的关键要素之一。

一、体态礼仪

体态又称身体语言，是指人的行为动作和表情，日常生活中站、坐、走的姿态，一举手一投足，一颦一笑，都可以体现一个人的素质和风度。推销员要塑造良好的交际形象，必须注意自己的行为举止，彬彬有礼、落落大方，遵守必要的体态礼仪，尽量避免各种不礼貌或不文明的行为举止。

美国心理学家梅拉比安曾经提出过一个非常著名的公式：

$$人类全部的信息表达 = 7\% 语言 + 38\% 声音 + 55\% 体态$$

1．站姿

标准的站姿如下。

（1）头正，双目平视，嘴角微闭，下颌微收，面容平和自然。

（2）双肩放松，稍向下沉，人有向上的感觉。

（3）躯干挺直，挺胸，收腹，立腰。

（4）双臂自然下垂于身体两侧，中指贴拢裤缝，两手自然放松。

（5）双腿立直、并拢，脚跟相靠，两脚尖张开约 60°，身体重心落于两脚正中。

2．坐姿

正确的坐姿如下。

（1）入座时要轻、稳、缓。走到座位前，转身后轻稳地坐下。女子入座时，若是裙装，应用手将裙子稍稍拢一下，不要坐下后再拉扯衣裙，那样不优雅。正式场合一般从椅子的左边入座，离座时也要从椅子左边离开，这是一种礼貌。女士入座时尤其要娴雅、文静、柔美。如果椅子位置不合适，需要挪动椅子，则应当先把椅子移至欲就座处，然后入座。而坐在椅子上移动位置，是有违社交礼仪的。

（2）神态从容自如（嘴唇微闭，下颌微收，面容平和自然）。

（3）双肩平正放松，两臂自然弯曲放在腿上，也可放在椅子或沙发扶手上，以自然得体为宜，掌心向下。

（4）坐在椅子上，要立腰，挺胸，上体自然挺直。

（5）双膝自然并拢，双腿正放或侧放，双脚并拢或交叠或成小 V 形。男士两膝间可

推销实务（第2版）

分开一拳左右的距离，脚态可取小八字步或稍分开以显自然洒脱之美，但不可尽情打开腿脚，那样会显得粗俗和傲慢。

（6）坐在椅子上，应至少坐满椅子的2/3，宽座沙发则至少坐1/2。落座后至少10分钟内不要靠椅背，时间久了，可轻靠椅背。

（7）谈话时应根据交谈者方位，将上体双膝侧转向交谈者，上身仍保持挺直，不要出现自卑、恭维、讨好的姿态。讲究礼仪要尊重别人，但不能失去自尊。

（8）离座时，要自然稳当，右脚向后收半步，而后站起。

3．走姿

走姿又称步态。走姿要求"行如风"，是指人行走时如风行水上，有一种轻快自然的美。走姿的基本要求是从容、平稳，走出直线，具体要求如下。

（1）双目向前平视，下颌微收，面容平和自然，不左顾右盼，不回头张望，不盯住行人乱打量。

（2）双肩平稳、肩峰稍后张，大臂带动小臂自然前后摆动，肩勿摇晃；前摆时，手不要超衣扣垂直线，肘关节微屈约30°，掌心向内，勿甩小臂，后摆时勿甩手腕。

（3）上身自然挺拔，头正，挺胸，收腹，立腰，重心稍向前倾。

（4）注意步态。步态即行走的基本态势，性别不同，行走的态势应有所区别。男性步伐矫健、稳重、刚毅、洒脱、豪迈，好似雄壮的"进行曲"，气势磅礴，具有阳刚之美；女性步伐轻盈、玲珑、娴淑，具有阴柔秀雅之美。

（5）行走时不可把手插进衣服口袋里，尤其不可插在裤袋里。

4．手势

手势是推销员与顾客交往中使用最平凡的一种非口语活动，运用得恰当会大大增加推销员传递信息的清晰度。恰当地利用手势，可以起到加强交谈内容的作用。因此，了解和恰当地运用一定的手势礼仪，也是一个推销者必不可少的技能。

（1）手势大小适度。在社交场合，应注意手势的大小幅度。手势的上界一般不应超过对方的视线，下界不低于自己的胸区，左右摆的范围不要太宽，应在人的胸前或右方进行。在一般场合下，手势动作幅度不宜过大，次数不宜过多，不宜重复。

（2）手势自然亲切。与人交往时，应多用柔和的曲线手势，少用生硬的直线手势，以求拉近心理距离。

（3）避免不良手势。

① 与人交谈时，讲到自己时不要用手指指着自己的鼻尖，而应用手掌按在胸口上。

② 谈到别人时，不可用手指指着别人，更忌讳背后对人指点等不礼貌的手势。

③ 初见新客户时，避免抓头发、玩饰物、掏鼻孔、剔牙齿、抬腕看表、高兴时拉袖子等粗鲁的手势动作。

④ 避免交谈时指手画脚、手势动作过多或过大。

5. 位置和距离

推销员与顾客在交谈中所处的位置和距离如何，对推销的结果也或大或小地产生着微妙的影响，这种影响表现为对双方心理距离的影响。因此推销员应注意与顾客交谈时位置的安排，若位置安排恰当，就有利于推销谈话的进行。

推销员与顾客同处一室，应把上座让给顾客。什么位置是上座呢？有两个扶手的沙发（或椅子）是上座，长沙发（或椅子）是下座；面对大门的是上座，接近门口的是下座；靠墙壁的一方是上座，这在咖啡馆谈生意时应尤为注意；在火车上，面对前进方向的是上座。当然，这些区分并不是硬性规定，但若推销员遵守了这些礼节，在一定程度上表示了对顾客的尊重和谦让之心，自然会使顾客十分高兴，而达到投桃报李的效果。在遵守上述礼仪的前提下，推销员与顾客进行交谈时，还面临着空间距离的把握问题。

人们所处的空间可以分为 4 个层次。

（1）亲密空间：0.15 ~ 0.46 米，适合最亲的人，如父母、恋人、爱人。

（2）个人空间：0.46 ~ 1.2 米，适合亲朋好友促膝谈心、拉家常。

（3）社交空间：1.2 ~ 3.6 米，社交场合与人接触，上下级之间保持的距离，这样会产生威严感和庄重感。

（4）公众空间：大于 3.6 米，社交场合与人接触，上下级之间保持的距离。

显然，推销员与顾客进行交谈时，最适宜的空间距离应该为 1.2 ~ 3.6 米，当然这一空间距离范围并不是硬性规定，具体的空间距离还得视推销员与顾客关系的密切程度来进行选择。

二、服饰礼仪

俗话说，佛要金装，人要衣装。衣着打扮对一个人非常重要，只有着装得体，才会给人留下深刻的印象。在推销活动中，推销者给顾客的第一印象是很重要的，这第一印象的相当一部分来自推销员的外表形象——服饰，良好的外表形象是推销员和顾客交流的通行证，没有这张通行证，将失去与客户交流的机会。这就要求推销人员加强这方面的礼仪训练和修养。

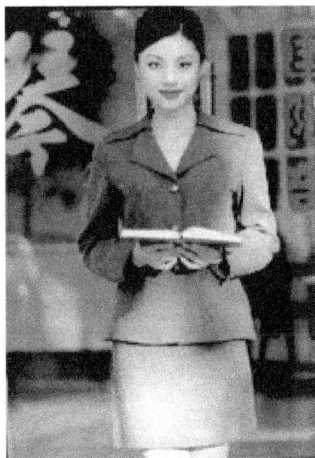

国外有人提出了服饰的"TPO"原则，TPO是英文 Time、Place、Object 3 个词首字母的组合。T 代表时间、季节、时令和时代；P 代表地点、场合和职位；O 代表目的和对象。TPO 原则要求人们的服饰应力求和谐，以和谐为美。根据 TPO 原则，着装时应注意以下几个问题。

1. 应时

所谓服饰的应时，含有以下三重意思。

（1）所穿服饰应与时代进步的主流风格基本保持一致，不可背离时代，但也不宜太追时髦、赶"前卫"。因为这样会让客户有不稳定、不成熟和不可靠的感觉。

（2）服饰应当随着一年四季的变化而更替变换，不宜打破常规、标新立异。例如，同样是裙装，夏天应着薄面料的，冬天应着厚面料的。暖气再足，也不能穿薄薄的纱裙。

（3）服饰应该顾及每天早、中、晚的温度变化，适当更换。

2. 应景

服饰要充分考虑自己即将出现或主要活动的地点，尽量使自己的服饰与自己所面临的环境保持和谐一致。例如，推销员对顾客访问是在办公室、家庭或饭店等处的话，自然以西服最为适合，但推销员到修车厂推销汽车零件，而那里从厂长到工人都穿工作服，那么推销员穿西装就不应景，即与环境不相协调。因此推销员应脱下西装改穿工作服，这样易使客户产生亲切感和共鸣感，有利于提高销售业绩。

3. 应事

服饰应当根据自己所处理公事的不同而有所变化。例如，在办公室或外出处理一般类型的公务时，服饰应当合乎本单位、本部门的规范，正规、干净、整洁、文明；在庄重场合或参加隆重活动时，服饰应当力求庄重、高雅；在欢度节日、喜庆场合，服饰要时尚、潇洒、鲜明、明快一些。不管在什么场合，推销人员的服装款式都应大方雅致，忌讳过分华丽、暴露和短小。

4. 应己

所谓应己，就是服饰要合乎自己的自身条件和特点。

（1）在着装时应勿忘自己的身份和年龄。推销人员应当以素洁、稳重和大方为主。打扮得太年轻、太活泼的话，容易招致对方的怀疑与轻视。

（2）服饰与肤色在色彩上应协调。肤色白净者，适合穿各色服装；肤色偏黑或发红者，穿深色服装；肤色黄绿或苍白色，最好穿浅色服装。

（3）着装应符合自己的形体。如果一位高瘦型男士穿一件较肥的西服，或者一位体态较胖的女士偏要穿一条高弹紧身的牛仔裤，能不让人发笑、能不有损于形象吗？

5．应制

所谓应制就是身为推销人员，参加推销活动的服饰要做到制度化、系列化和标准化。制度化，就是符合公司制订的参加推销活动执行公务时的着装规定；系列化，就是要使衣、裤、裙、帽、鞋、袜、包等是一个"主题"；标准化，就是要按照各种服装的穿着标准着装，不可随意创造，独成一派，如穿制服时不允许敞怀，穿双排扣西服时不仅要扣上扣，而且要扣上全部衣扣，并且不允许挽起衣袖。

另外，在室外穿戴的衣物用品，如帽子、风 / 雨衣、外套、大衣、手套、墨镜等，进入室内就不应再穿或再用。

三、拜访礼仪

拜访是销售的面对面阶段，虽然还不是正式的谈判，但拜访过程的成败直接影响到交易的成功与否。因此作为一名职业推销人，如果能建立自己职业化的拜访之道，并成功地运用它，那定能助你突破客户关系、提升销售业绩！

案例 1-13

一个星期一的早晨，我们刚上班，正在开例行会议安排本周的工作计划和布置重点工作。有人敲门，原来是一家文具用品公司的人上门推销。

"对不起，我是××文化用品公司的……"没等对方说完，我们中就有人不耐烦地说："你没看见我们正在开会吗？"

对方一看我们都没有笑脸便悻悻地走了。被他这么一打扰，我都不记得我说到哪里了，心里对这位不速之客更反感了。

案例分析

这则案例说明该推销员对顾客初次拜访时，对于拜访礼仪的基本要求不清楚，故而导致了此次拜访的彻底失败。具体来说，一是没有跟顾客预约，二是拜访的时间选择不恰当。因此，此次推销不仅没取得预期的效果，反而给顾客留下了不良的印象。

课堂随笔

1．要守时守约

一般说来，推销员若与顾客约定了拜访时间，就一定要严格遵守，如期而至，不要迟到，更不能无故失约。如果有紧急的事情，或者遇到了交通阻塞，应立刻通知要见的人。如果打不了电话，请别人替你通知一下。如果是对方要晚点到，你要充分利用剩余的时间，如坐在一个离约会地点不远的地方，整理一下文件。

2. 讲究敲门的艺术

要用食指敲门，力度适中，间隔有序地敲三下，等待回音。如无应声，可稍加力度，再敲三下；如有应声，应侧身隐立于右门框一侧，待门开时再向前迈半步，与主人相对，经允许后方可进屋。

3. 主人不让座不能随便坐下

如果主人是年长者或上级，主人不坐，自己不能先坐。主人让座之后，要说声"谢谢"，然后采用规矩的礼仪坐姿坐下。主人递上烟、茶要双手接过并表示谢意。如果主人没有吸烟的习惯，要克制自己的烟瘾，尽量不吸，以示对主人习惯的尊重。主人献上果品，要等年长者或其他客人动手后，自己再取用。即使在最熟悉的朋友家里，也不要过于随便。

4. 跟主人谈话要客气

即使和主人的意见不一致，也不要争论不休。对主人提供的帮助要适当地致以谢意。要注意观察主人的举止表情，适可而止。当主人有不耐烦或心不在焉的表现时，应转换话题或口气；当主人有结束会见的表示时，应识趣地立即起身告辞。

5. 谈话时间不宜过长

起身告辞时，要向主人表示"打扰"之歉意。出门后，回身主动伸手与主人握别，说"请留步"。待主人留步后，走几步，再回头挥手致意"再见"。

四、迎送礼仪

迎来送往是常见的推销礼节之一，主要包括接待礼仪和送客礼仪，无论拜访者是事务性拜访还是礼仪性拜访，是在办公室还是居所，在接待拜访者时都要主随客便，考虑周全，关怀备至，讲究礼仪，尽量接待好拜访者，使其有宾至如归的感觉，促使双方的关系得到进一步的发展，为现在或将来的推销工作奠定良好的基础。

1. 迎客礼仪

客人来访时，推销员应主动接待，并随时牢记"顾客至上"。推销人员应引领客人进入会客厅或公共接待区，并为其送上饮料。如果是在自己的座位上交谈，应该注意声音不要过大，以免影响周围同事。推销员在前面领路时，切记始终面带微笑。

在公司内不同场所领路时，应该留意以下几点。

（1）走廊：应走在客人前面两三步的地方。让客人走在走廊中间，转弯时先提醒客人"请往这边走"。

（2）楼梯：先说要去哪一层，上楼时让客人走在前面，一方面可以确认客人的安全；另一方面表示谦卑，不站得比客人高。

（3）电梯：必须主导客人进、出电梯。进电梯时，必须先按电梯按钮。如果只有一个客人，可以以手压住打开的门，让客人先进；如果人数很多，则应该先进电梯，按住开关，先招呼客人，再让公司的人上电梯。出电梯时刚好相反，按住开关，让客人先出电梯，自己再走出电梯。如果上司在电梯内，则应让上司先出，自己最后出。

如果前来的客人很多，首先应保持冷静，其次应该留意现场轮流次序的维持，也就是秉持"先到先受理"的原则。对已经轮到的客人应有礼貌地招呼，说出"下一位，请"。如果能有秩序地应对，客人也就不会做无理的举动了。让客人久候时，在轮到他时应很谦卑地对他说"让您久等了"。

2．介绍礼仪

在推销场合结识朋友，可由第三者介绍，也可自我介绍相识。为他人介绍，要先了解双方是否有结识的愿望，不要贸然行事。无论自我介绍或为他人介绍，做法都要自然。例如，如果正在交谈的人中有自己所熟识的，便可趋前打招呼，这位熟人可以顺便将你介绍给其他客人。在有些场合也可以主动自我介绍，讲清姓名、身份、单位（国家），对方则会随后自行介绍。为他人介绍时还可说明与自己的关系，便于新结识的人相互了解与信任。介绍具体人时，要有礼貌地以手示意，而不要用手指指点点。介绍的原则是将级别低的介绍给级别高的，将年轻的介绍给年长的，将未婚的介绍给已婚的，将男性介绍给女性，将本国人介绍给外国人。

3．名片礼仪

名片是推销员的一种常用交际工具。推销员在与顾客交谈时递给顾客一张名片，不仅是很好的自我介绍，而且还可与顾客建立联系，方便又体面。但名片不能滥用，要讲究一定的礼节，以避免给对方留下不良的印象。

（1）递交名片。一般递名片的顺序应是地位低的先把名片交给地位高的，年轻的先把名片交给年长的。不过，假如是对方先拿出来，自己也不必谦让，应该大方收下，然后拿出自己的名片来回报。

在递出名片时，正确的做法应是：双手手指并拢，将名片放在手掌上，用大拇指夹住名片两端，恭敬地送到对方胸前；或者食指弯曲，与大拇指夹住名片左右两端奉上。名片上的名字要正向对着对方，使对方接过名片就可正读。递交时要目光注视对方，微笑致意，可顺带一句"请多多关照"。

（2）接收名片。在接到对方递过来的名片时，应双手去接，接过后仔细看一遍，有不认识的字应马上询问，不可拿着对方的名片玩弄。看完后应将名片放入名片夹或认真收好，不可随手扔到桌子上或随便放入口袋，这都是对他人的不尊重。如果接下来与对方谈话，不要将名片收起来，应该放在桌子上，并保证不被其他东西压住，这会使对方感觉你很重视他。第一次见面后，应在名片背面记下认识的时间、地点、内容等资料，最好简单记下顾客的特征（如籍贯、特殊爱好等）。这样累积起来的名片就会成为自己的社交档案，为再次会面或联络提供线索或话题。

4. 握手礼仪

（1）场合。一般在见面和离别时用。冬季握手应摘下手套，以示尊重对方。一般应站着握手，除非生病或特殊场合，但也要欠身握手，以示敬意。

握手时的4个基本要求：
➢ 目视对方
➢ 面带笑容
➢ 稍事寒暄
➢ 稍许用力

（2）谁先伸手。一般来说，和妇女、长者、主人、领导人、名人打交道时，为了尊重他们，把是否愿意握手的主动权赋予他们。但如果另一方先伸了手，妇女、长者、主人、领导人、名人等为了礼貌起见也应伸出手来握。见面时对方不伸手，则应向对方点头或鞠躬以示敬意。见面的对方如果是自己的长辈或贵宾，先伸了手，则应该快步走近，用双手握住对方的手，以示敬意，并问候对方"您好""见到您很高兴"等。

（3）握手方式。和新客户握手时，应伸出右手，掌心向左，虎口向上，以轻触对方为准（如果男士和女士握手，则男士应轻轻握住女士的手指部分）。时间为 1 ～ 3 秒，轻轻摇动 1 ～ 3 下。

（4）握手力量轻重。根据双方交往程度确定握手力量。和新客户握手应轻握，但不可绵软无力；和老客户应握重些，表明礼貌、热情。

（5）握手时表情应自然、面带微笑，眼睛注视对方。

小游戏

谁先伸手

• 公司的总经理和营销主管。

• 甲单位的张小姐和乙公司的董先生。

• 退休的老李和其接任者小王。

• 宴会的主办者和嘉宾。

• 有 5 年资历的公关经理和刚来的客户服务部副主任。

5. 送客礼仪

如客人提出告辞，推销人员要等客人起身后再站起来相送，切忌没等客人起身，自己先于客人起立相送，这是很不礼貌的。若客人提出告辞，推销人员仍端坐在办公桌前，嘴里说"再见"，而手中却还忙着自己的事，甚至连眼神也没有转到客人身上，更是不礼貌的行为。"出迎三步，身送七步"是迎送宾客最基本的礼仪。因此每次见面结束，都要以"将再次见面"的心情恭送对方。通常当客人起身告辞时，推销人员应马上站起来，主动为客人取下衣帽，帮他穿戴，与客人握手告别，同时选择最合适的言辞送别，如"希望下次再来"等礼貌用语。尤其对初次来访的客人更应热情、周到和细致。若客人带有较多或较重的物品，送客时应帮客人代提重物。与客人在门口、电梯口或汽车旁告别时，要与客人握手，目送客人上车或离开，要以恭敬真诚的态度，笑容可掬地送客，不要急于返回，应鞠躬挥手致意，待客人移出视线后，才可结束送客仪式。

任务小结

小蓝终于明白了自己这次推销失败的主要原因是没有注意推销礼仪。推销礼仪是完善推销员自身的点金棒，是与顾客交流的润滑剂，是成功交易的催化剂，它贯穿着推销活动的每一个环节。推销礼仪主要包括体态礼仪、服饰礼仪、拜访礼仪和迎送礼仪。

课堂活动

活动一　推销礼仪的训练

1. 活动目的

通过训练，使学员能够深刻地理解礼仪在推销洽谈中的重要作用，并能够熟练掌握推销礼仪。

2. 活动内容和步骤

（1）每组找两位同学分别扮演顾客和推销员，推销正在使用的《推销实务》一书。

（2）每组邀请两位同学做"介绍""问候""握手""使用名片""告别"等推销礼仪的模拟训练。

（3）其他同学观摩，活动后可以讨论，指出"推销员"在模拟推销和模拟训练时推销礼仪的不足之处，并提出改进建议。

（4）教师和各组组长当裁判，给推销的同学打分。

活动二　优雅仪态的训练

1. 活动目的

坐、立、走等基本仪态及举手投足，力求协调、昂扬、文明、有美感；符合身份、情境的要求。

2. 活动内容和步骤

（1）演练口号：让你的举止、形态和谐得像一段动人的旋律，带给人意气风发、朝气蓬勃的快感。我自信，我很美。尽情挥洒成功的气质和风度。

（2）每组派两位同学分别进行站姿表演和走姿表演。

（3）教师和组长根据表演进行打分：站姿要求挺拔、向上；靠墙检查，头、背、臀、脚后跟四点一线。走姿要求协调、昂扬、有朝气、有节奏感。男性重稳健、力度；女性重弹性、轻盈。

思考与练习

一、判断题

1. 根据现代推销理念，推销的根本目的就是想办法把产品销售出去。　　　（　　）

2. 推销就是营销，二者没有任何区别。　　　（　　）

3. 推销的主要手段是利用媒体宣传推广以达到推销目的。　　　（　　）

4. 推销员的首要任务是最大限度地推销商品，推销业绩是检验推销成功与否的唯一标准。　　　（　　）

5. 推销员一定要有随机应变的能力。　　　（　　）

6. 有现代推销观念的推销人员应重点关注如何把商品销售给顾客，而不是售后服务。　　　（　　）

7. 推销员进门前，如果门是开启的，可以不必按门铃或敲门。　　　（　　）

8. 在和女顾客见面需要握手时，应当先伸手，以示尊重。　　　（　　）

9. 推销商品之前先要推销自己。　　　（　　）

10. 现代推销观念主张温和式的推销方针。　　　（　　）

二、单选题

1. 下列（　　）不属于推销活动的三大基本要素。

　　A．推销对象　　　　B．推销过程　　　　C．推销品　　　　D．推销人员

2. "皇帝的女儿不愁嫁""酒香不怕巷子深"反映的是（　　）推销观念。

　　A．产品导向　　　　B．技巧导向　　　　C．现代　　　　D．社会

3. 下面说法错误的一项是（　　）。

　　A．推销人员可以向顾客敬烟，但尽量不要在顾客处吸烟

　　B．介绍时应把年长者介绍给年轻者

　　C．握手的时间一般不要过长，力度要适当

　　D．交谈中，应尽量给对方讲话的机会，多倾听，不轻易打断对方的发言

4. 实现推销活动的关键是（　　）。

　　A．推销对象　　　B．推销品　　　　C．推销信息　　　D．推销人员

5. 接收名片后可以放在（　　）。

　　A．上衣口袋　　　B．名片夹　　　　C．钱包　　　　　D．桌子上

6. 著名的广告策划企业为爱妻牌洗衣机设计了广告——我的女儿还好吗？反映的是
（　　）推销观念。

　　A．产品导向　　　B．技巧导向　　　　C．现代　　　　D．社会

7. 不管白猫黑猫，抓到客户就是好猫！这是（　　）推销观念的写照。

　　A．产品导向　　　B．技巧导向　　　　C．现代　　　　D．社会

8. 以顾客需要为出发点，综合运用各种战略和策略，把商品和服务整体地销售给顾客，
尽可能地满足顾客需求，最终实现企业自身目标的经营活动是（　　）。

　　A．营销　　　　　B．推销　　　　　　C．促销　　　　D．销售

9. 汽车推销员乔·吉拉德把推销出去的汽车当成嫁出去的女儿"是（　　）推销观
念的真实体现。

　　A．产品导向　　　B．技巧导向　　　　C．社会　　　　D．现代

10. 尽量使自己的服饰与自己所面临的环境保持和谐与一致，这是指服装原则中
的（　　）。

　　A．应时　　　　　B．应景　　　　　　C．应制　　　　D．应己

三、多选题

1. 推销礼仪主要包括（　　）。

　　A．拜访礼仪　　　B．交谈礼仪　　　　C．体态礼仪　　　D．服饰礼仪

2. 在进行推销前，每个推销员都应该做好自我准备。推销员的自我准备包括（　　）。

　　A．资料准备　　　B．素质准备　　　　C．仪表准备　　　D．工具准备

推销实务（第2版）

3. 推销人员应具备的素质应该包括（　　　）。

    A．思想素质　　　　B．业务素质　　　　C．心理素质　　　　D．身体素质

4. 推销人员的心理素质包括（　　　）。

    A．信心　　　　　　B．恒心　　　　　　C．诚心　　　　　　D．耐心

5. 在商品推销过程中，（　　　）是缺一不可的。

    A．推销人员　　　　B．推销品　　　　　C．顾客　　　　　　D．推销技巧

项目二

众里寻她千百度——寻找顾客

学习目标

了解准顾客的概念和寻找准顾客的步骤及方法，掌握准顾客资格鉴定的含义、必要性和内容，培养寻找准顾客的能力。

导入案例

吉拉德的电话

汽车推销大王乔·吉拉德在汽车卖给顾客数星期后，就从客户登记卡中找出对方的电话号码，开始着手与对方联系："以前买的车子情况如何？"

白天打电话，接听的多半是购买者的太太，她大多会回答："车子情况很好。"吉拉德接着说："假使车子振动得厉害或有什么问题的话，请送回我这儿来修理。"并且让她提醒她的丈夫，在保修期内送来检修是免费的。

同时，吉拉德也会问对方，是不是知道有谁要买车子？若是对方说有位亲戚或朋友想将旧车换新的话，他便请对方告知这位亲戚或朋友的电话号码和姓名，并请对方拨个电话替他稍微介绍一下，且让对方知道如果介绍的生意能够成功，对方可得到25美元的酬劳。最后，吉拉德没有忘记对方的帮助，再三致谢。

吉拉德认为，即便是质量上乘的产品，在装配过程中也会发生莫名其妙的小差错，虽经出厂检验也难免有疏漏，这些毛病维修也并不难，但对顾客来说却增添了许多麻烦。把车子卖给顾客后，对新车出现故障时的处理态度和做法如何，将会影响顾客向别人描述时的角度和重点。他可能会说："我买了一辆雪佛兰新车，刚购回来就出毛病！"但在你主动询问对方对车子的评价，及时发现毛病并给予免费维修，顾客就会对别人说："吉拉德这个人够意思，时时为我的利益着想，虽然车子出了点毛病，但他一发现就马上给我免费修好了。"

案例思考

1. 吉拉德用什么方式寻找顾客？

2. 吉拉德急着给顾客打电话询问车子的状况，是否会引起对方对所购产品质量的怀疑？假如出现这种情况，你认为应该怎样处理？

3. 吉拉德为什么明知买主白天不可能在家，却偏偏这个时候打电话到顾客家里去？这里的奥秘何在？

任务一　寻找准顾客的方法

　　小紫和小蓝今天的任务是去寻找自己的顾客，终于可以把自己所学的用上了，他们兴奋地一早就来到公司，报到后，小紫就问小蓝："今天你打算去哪里见顾客呢？"小蓝想了想，说："就是到大街上、小巷里，看到人家就向他们推销我们的产品。"小紫觉得小蓝说得有点道理，可是又感觉有点不对劲，心中正在纳闷，主管大雄进来了，小紫急忙问道："雄哥，今天我们去见顾客，可是顾客在哪里呢？"大雄微微一笑，开始给他们介绍……

一、准顾客的含义

案例 2-1

　　大家在周末或假期都逛过街，当穿梭于各大商场、路边的便利店、夜市等购物场所时，我们是否对大街上琳琅满目的商品驻足关注过？当我们享受着各种优惠疯狂采购时，是否考虑过，聪明的商家怎会如此准确地抓住了我们的需求？不论过程如何，购物的时候我们就成了商家的顾客。

案例分析

　　什么是准顾客？当我们有需求，也有能力购物，但还没有实施购物行为之前，我们都是准顾客。

课堂随笔

1. 准顾客的两层含义

　　根据《现代汉语词典》对"顾客"一词的解释，"顾"是拜访、光顾的意思，"客"是指来宾、客人，还有以客礼相待的意思。合到一起理解就是光顾企业的客人。

　　在市场营销中，顾客是现在或将来有意愿和能力消费企业的产品和服务的人或组织。

　　那什么是准顾客呢？所谓准顾客就是对企业的产品或服务有购买欲望、购买能力及权力的人或组织。因此，推销员必须明确自己的准顾客，然后有针对性地开展活动。从这方面来讲，寻找准顾客有两层含义。

　　（1）推销员应该根据自己推销的产品或服务的特征，列出相应的几个问题：产品的适用范围和适用人群的定位是什么？这些人为什么会买我们的产品？买了这些产品他们用来干什么？然后根据这些问题来找答案，就可以得到准顾客的一些基本信息，也就对准顾客的范围做了界定。

（2）在上述（1）的基础上，根据已界定的顾客的范围和基本条件，通过各种可能的线索和途径，结合自身的优势，扬长避短地运用适当的方法，寻找出适合基本条件的准顾客。

2．准顾客的几种类型

在推销活动中，一般将准顾客分为以下3种类型。

（1）新开发的准顾客。所谓新开发的准顾客是指以前没有接触过的准顾客。新的准顾客有可能成为一个推销员新的业绩增长点，因此推销员必须连续不断地寻找新的准顾客。一般情况下，开发的准顾客越多，完成推销任务的概率也就越大。推销员手上的准顾客不管是企业还是个人，都有机会成为自己的新顾客。所以推销员平时要在这些准顾客身上多努力，争取使他们转化成自己的顾客。

（2）现有顾客。所谓现有顾客是指以前已经购买过产品的人或组织。一家能在激烈的市场竞争中生存下去的企业，总会有自己的一个顾客群。推销人员应该经常关注这些顾客的动向，并不失时机地邀请他们再度光顾企业，购买产品。据统计，企业的老顾客可以为企业带来一半以上的产品销售额。而在企业的老顾客中，有一部分顾客因业务量小，往往被企业推销人员忽视了，所以新推销人员应该多关注这些顾客，弄清楚他们为什么买该企业产品；为什么只有以前的那么一点交易额；购买后他们有什么样的反应；有没有新的成交机会，等等。尽可能地从现有顾客中找出新的成交机会，促进销售业绩。

（3）中止往来的老顾客。所谓中止往来的老顾客是指以往购买过产品或服务，但由于各种各样的原因没有继续交易的顾客。推销人员必须重视这些顾客。据统计，许多中止交易的老顾客还是期待企业的推销人员再度造访的，因而推销人员必须鼓起勇气，再次拜访他们，从中找出他们不再购买本企业产品的真正原因，并有针对性地制订出符合他们需求的策略，为他们提供满意的产品与服务，增加企业的销售机会。

案例 2-2

有一个推销新手工作一段时间后，因为找不到顾客，自认干不下去了，所以向经理提出辞职。

经理问他："你为什么要辞职呢？"

他坦白答道："我找不到顾客，业绩很差，只好辞职。"

经理拉他到对面大街的窗口，指着大街问他："你看到什么了？"

推销员回答："人啊！"

"除此之外呢？"

"除了一堆人，就只有路呀。"

经理又问："在人群中，你难道没有看出许多准顾客吗？"

推销员恍然大悟，马上收回了辞呈。

[案例分析]

启示：顾客来自准顾客，而准顾客满大街都是，问题是如何找出来。推销专家手中永远有访问不完的准顾客，推销新手则老是找不到准顾客。

二、寻找准顾客的步骤

如何寻找准顾客呢？一般按照以下 5 个步骤来做。

1. 收集顾客资料

推销人员要想准确地找出自己的准顾客，应随时随地通过各种途径收集自己所负责地区的顾客资料，并认真做好顾客信息资料的归档。平时要多关注已收集到资料的这些顾客的发展动态，以便适时发现他们的需求。如何收集顾客的资料呢？常用的方法有以下几种。

（1）行业内收集，主要途径有行业会展资料收集、行业杂志资料收集、行业协会介绍等。

（2）利用互联网收集顾客资料。

（3）自己进行市场调研，获取顾客资料。

（4）向专业机构购买顾客信息。

2. 筛选名单

搜集到的资料并不是都有用的，或者说，有些资料并不是目前就有用的。所以推销人员应该根据收集来的众多资料，按照一定的标准（主要有顾客的支付能力、顾客当前的需求、顾客是否易于接近等标准）把顾客分成主次不同的档次。分好以后，还要从中找到最有用的顾客名单。这一过程被称为顾客名单的筛选。

3. 记录信息

名单筛选完毕后，将筛选出来的名单记录在自己的工作备忘录中，或者制作出准顾客卡片。要把这些主要的顾客信息一一记录下来，尽可能做到详细准确。

4. 罗列约访名单

主要的准顾客名单记录好后，还要将这些顾客的姓名按照轻重缓急的顺序逐一罗列出来，确定一个先后顺序，以方便接下来约访顾客。这一过程就是罗列约访名单。

5. 维护更新准顾客卡

按照罗列的约访名单，对准顾客一一进行拜访，并对拜访的结果进行总结。当有准顾客成交成为顾客后，就应该把他移到顾客服务处，然后对约访名单和准顾客卡片进行更新。

小游戏

寻找准顾客

请2～3名同学上台当"推销员"，先是背对着观众，台下所有同学当顾客，教师将几张写有"准顾客"字样的纸条分发给台下某些同学（发纸条人的数量根据到课人数而定），然后，请台上同学回过头来分头到台下寻找握有纸条的"准顾客"，在规定时间内看谁找到的"准顾客"多，多者为胜，颁发奖品。一般是动作迅速，寻找的人次（拜访人次）多的人找到的"准顾客"多。

寓意：只有准顾客才会购买产品，准顾客就在一般人群当中，只有拜访才能获得，谁拜访得多，谁就获得的多。

三、寻找准顾客的主要方法

1. 普访寻找法

普访寻找法也称为地毯式访问法或全户走访法，指推销人员依据资料名单，逐一访问名单上的准顾客，并最终确定准顾客的一种方法。当推销人员不能确定或无法确定某一销售区域内的顾客时，便可以使用此方法。这种方法适用于日常用品等消费者必需生活物品的推销。

普访寻找法的优点：可以培养并锻炼推销人员的能力；在推销过程中可以无形地宣传企业产品和品牌；通过推销人员的信息收集，企业可以客观全面地了解市场需求的信息。

普访寻找法的缺点：目的不明确，缺乏针对性，成功的概率很低；由于普访的面比较广，所以耗费的时间很多、精力很大；顾客的抵制心理较强，影响推销人员的积极性。

小案例

某印刷纸张推销员通过翻阅各种杂志来寻找准顾客，他主要寻找色调不足、光洁度不匀和印字起毛现象，因为这些现象的存在说明出版社使用的纸张不对。因此，该出版社为了改进印刷效果就会成为购买某一种纸的主顾。

2．连锁开拓法

连锁开拓法是指推销人员通过现有顾客的介绍，找到新的准顾客的一种方法。每一位顾客都会有自己的一个生活圈，而在其生活圈中，可能会有与其有相似消费需求和相似购买力的潜在顾客。通过现有顾客的介绍，推销人员可以发现新的准顾客。

连锁开拓法的实现形式主要有顾客代为推销产品、代传送资料引荐、直接引荐、书信引荐和电话引荐。连锁开拓法实现的关键是推销人员与现有顾客建立互信互惠的朋友关系，并在此基础上，进入关键顾客的生活圈。换句话说，就是推销人员应完全融入顾客的生活圈中，成为其中的一员。

连锁开拓法的优点：有针对性、容易成功、节约成本费用。

连锁开拓法的缺点：连带性强、风险高。

小案例

山田先生是日本一家肉店的老板，有一天，他出席朋友举办的一个宴会。当服务员来问喝什么酒时，素不相识的同座中，有位提议"喝啤酒"，结果大家都没意见，一致同意喝啤酒。这一偶然事件使山田先生受到启发，于是他开始在顾客中物色中心人物，有意拉拢那些交际广、知识丰富又爱讲话的人，给他们以各种优惠和周到的服务，使他们对肉店产生好感。很快，这些人就成了山田肉店的义务宣传员，逢人就讲山田肉店的肉新鲜、斤两足、价钱公道，老板服务态度好，于是带动了一大批顾客到店里来买肉，山田先生用这种方法使周围的一大批居民成了自己的顾客。

3．中心开花法

中心开花法就是指推销人员在某一特定的范围内以一些有影响力的顾客为中心，通过这些有影响力的顾客来影响其周围的人成为准顾客的一种方法。理论上讲，中心开花法可以算是连锁开拓法的一个特例。二者的区别主要在于，中心开花法的中心人物在这个生活圈子中拥有一定的社会威望，而他周围的人都会对他的所作所为表示信服；而连锁开拓法的介绍人却不一定拥有很高的社会威望，往往只是朋友的信任在起作用。

中心开花法的优点：节约时间和精力；能扩大产品的知名度，提高产品或品牌的美誉度。

中心开花法的缺点：中心人物的确定是个棘手的难题；所选的中心人物必须和自己企业的产品和品牌形象匹配；中心人物是否愿意配合，是该方法成功与否的关键。因而该方法有很高的风险性。

案例 2-3

　　某药厂推销员来到一个南方地级市推销一种新药，他所面临的销售地区地广人稀，20多家乡镇医院遍布全市山乡，若按传统的地毯式访问法，要几个月时间才能逐一拜访完毕。他找到当地人民医院的一位有名的内科主任医师推销该新药，证实疗效不错，形成了极好的示范作用。正巧该市组织所有乡镇医院的院长参加一个培训，主讲人就是这位主任医师。培训一结束，主任医师就组织各院长听取该推销员对新药品的详细介绍，经这位主任医师的大力推荐，20多位乡镇医院的院长都订了一定数量的新药，很快100箱样品售空。同时由于疗效不错，产生了极好的推广效应，该药品很快打开市场，并延伸到村卫生所。

　　该案例中的中心人物就是这位主任医师，他使得推销工作事半功倍，而企业却没有花一分钱的广告费。

课堂随笔

案例分析

　　该案例告诉我们，用中心开花法寻找准顾客，关键是要找到合适的中心人物。人找对了，做事情也就容易了。

4. 个人观察法

　　个人观察法也称为市场观察法，是指推销人员通过对潜在顾客所处的环境、潜在顾客的行为进行分析和判断，并从众多的潜在顾客中找出准顾客的一种方法。

　　个人观察法要求推销人员拥有较高的观察能力和分析判断能力。推销人员在利用观察法寻找准顾客时，不仅要有积极主动的心态，而且要处处留心，还要做到眼观六路、耳听八方，随时做出准确有效的判断。

　　个人观察法的优点：有助于推销人员的成长；企业能够从推销人员那里获得直接有效的市场信息。

　　个人观察法的缺点：主观随意性较大；成功概率低；顾客的抵制心理强。

🎓 **小案例**

房地产推销员驾车在大街上巡查可能买主的线索：哪些房子贴着"出售"的招牌，哪些楼房空着无人住，哪里又挂出了新的"出租"招牌，哪里又出现了新的建筑工地等。

案例分析：

"闻香识女人、观鞋识男人"，推销员正是通过自己敏锐的观察力，找到准顾客，开拓新市场。

5. 广告开拓法

广告开拓法是指利用广告媒体发布各式各样的广告来寻找准顾客的一种方法。这种方法适用于推销对象不明确，普访寻找法又不能实施的时候。它利用广告媒介的大众性，把与产品有关的信息发布给广大的消费者或潜在的顾客，吸引感兴趣的消费者与推销人员联系，推销人员再向其推销，促使其成为准顾客。

广告开拓法使用成功的关键在于选择好广告媒体。在众多的广告媒体中，推销人员必须根据自己产品的特征、所在市场的特点和顾客的习惯选择合适的媒体。

广告开拓法的优点：信息传播速度快，省时省力，简便灵活，优秀广告的说服力强。

广告开拓法的缺点：推销对象对广告的选择性难掌握；广告经费逐渐上涨，增加了成本；广告媒体的选择也是难以把握的，一旦失误，必然造成不必要的浪费。

🎓 **小案例**

杰克夫妇的宝贝出生，他们需要找一家托儿所，需要童床、婴儿衣物、保姆和一辆面包车运送东西，甚至还可能需要一幢更大些的新房，以及保险、教育基金。请你写信给杰克夫妇，附上剪报，并清楚地介绍你自己。过一段时间再打去电话，你就可能有了一个新客户。

6. 市场咨询法

市场咨询法是指利用各种专业的市场信息咨询服务机构提供的信息寻找准顾客的一种方法。

常见的咨询组织主要有市场调查公司、营销策划公司和各种信息服务公司。推销人员只要支付一定的信息费用，便可获得大量的信息，这无疑是一个方便有效的途径。

市场咨询法的优点：省时省力，方便快捷，成本低廉，信息可信度高。

市场咨询法的缺点：信息的间接性导致其带有主观性和片面性，不能掌握一手的市场信息资料。

小案例

小美是一名刚毕业的大学生，打算从事自己最感兴趣的服装行业，但是她在短时间内很难找到顾客。某一天跟朋友聚餐时，朋友说自己从来都不用亲自去外面找顾客，小美很好奇，为什么她不用呢，原来朋友委托一家咨询公司为她找来大批顾客。后来，小美也通过网络找到一家咨询公司，委托它为自己寻找需要服装的顾客。

任务小结

通过学习，小紫和小蓝明白了准顾客就是对企业的产品或服务有购买欲望、购买能力及权力的人或组织。寻找准顾客的步骤分为收集顾客资料、筛选名单、记录信息、罗列约访名单、维护更新准顾客卡5个步骤。寻找准顾客的方法主要有普访寻找法、连锁开拓法、中心开花法、个人观察法、广告开拓法和市场咨询法。

课堂活动

活动一　模拟寻找准顾客

1. 活动目的

在实践中掌握寻找准顾客的方法并学会运用。

2. 活动内容和步骤

假定你是一位手机推销人员，最近新到了一批针对学生的新款手机。为了尽快打开市场、提升自己的业绩，请运用所学知识在学校里模拟寻找准顾客。

（1）根据教师要求，准备好相关产品资料。通过自己所能掌握的信息，从中找出准顾客。

（2）收集到的资料要真实有效，并能为后期工作所运用。

（3）整理相关资料，并罗列出准顾客名单，设置准顾客卡片。

（4）教师评审。根据表2-1给学生评定成绩。

表2-1　模拟寻找准顾客的评分表

评价内容	分值	评分标准	得分
准备工作	10	资料健全，目标明确	
资料收集	30	内容充实、丰富，收集途径，方法的运用	
资料整理	30	资料详尽有效	
可行性	30	有实际指导意义	

活动二　分析案例，掌握寻找准顾客的方法

一、活动内容

请你自己设计一款帽子，每组在 30 分钟内按要求完成帽子制作，之后每组派出一位销售员推销帽子。

二、活动的步骤和要求

（1）教师将本班同学分组，每 4 人为一组。

（2）每一组准备一张彩色 A3 卡纸。

（3）每组同学根据老师给出的 5 个要求制作一项帽子（有 Logo、装饰性、制订价格、1 分钟推销、与观众互动），并说出自己的销售对象。

（4）学生互评和教师审评，评分标准如表 2-2 所示。

表2-2　学生互评和老师审评

评价内容	分　值	评分标准	得　分
有Logo	20	有产品的品牌	
装饰性	20	色彩柔和、有设计成分	
制订价格	20	价格合理	
1分钟推销	20	1分钟以上或未够时间的扣分	
与观众互动	20	推销员语言流畅、有意识与观众互动	

任务二　顾客资格鉴定

小紫和小蓝通过前段时间的学习，知道如何去寻找准顾客了。可是今天一整天奔波下来，他们还是毫无所获地回到了公司。带着一肚子的怨气，他们找到正准备下班的主管大雄。大雄简要地问了一下他们今天做的工作，便知道他们的问题出在哪里了，含笑对他们说道："你们的问题在于没有仔细甄别准顾客，也就是没有对准顾客的资格进行鉴定。"二人迫不及待地问道："那要怎么样才能做好顾客资格的鉴定呢？"大雄边走边谈，绝招也在这笑谈中娓娓道来……

推销实务（第 2 版）

案例 2-4

一位女推销员在被拉去凑数与人打麻将的过程中，发现其中一位男士就是本公司向其企业订购大批产品的公司经理。她回公司后，要求不要发货给此企业。不久，这位经理因涉嫌多项罪名被逮捕，他的公司其实早已负债累累。当其他债权人追债无门时，知道其中缘由的推销人员立即通知企业。企业其他人员纷纷赞扬女推销人员有先见之明，问其原委。女推销员却说其实很简单：打麻将时看到这位经理手戴大粒钻石戒指，脖子上有手指粗的项链，全身穿的全是名牌，花钱出手很大方。听他们谈话的内容可以看出他整天与人打麻将。女推销员认为他根本没有时间和心思做生意，也不可能对公司实施精细管理。那么他为什么会有那么多钱呢？这不正说明有问题吗？

案例分析

案例中的推销员通过细致的观察，得出这位顾客不是公司的准顾客的结论，可见顾客资格鉴定是从不同的方面了解到的。正是她的观察和思考使公司避免了陷入危机的局面。

课堂随笔

一、顾客资格鉴定的含义

案例 2-5

夏天，一个山里的老农到集镇上去赶集。因为天气太热，老农只穿了一条短裤，并在腰间系了一条腰带就到集镇去了。他来到卖肉的摊位前，想买点肉回家改善一下伙食。屠夫见他全身光溜溜的，哪会有钱买肉呢，也就没有搭理他。老农扯着嗓子问道："这肉多少钱一斤呢？"

屠夫冷冷地答道："10块钱一斤。"

"哦，那么贵啊，能少点吗？"

"嫌贵啊，那别买啊，看你这副模样也买不起，还是快点走开，不要妨碍我做生意。"

"你这做生意的怎么这么说话，怕我给不起钱啊？"

"看你一身光溜溜的，你今天能拿出钱来，我就免费送你一斤肉。"

"此话当真？"

"当真，龟孙子才说假话。"

这时，老农不紧不慢地解开腰带，从腰带里拿出一张百元大钞摆在屠夫面前，然后又收了回来说道："快给我切一斤肉。"

屠夫惊愕道："这怎么可能？"为了保住信誉，只好把一斤肉免费送给了老农。

案例分析

　　屠夫为什么敢以一斤肉作为赌注呢？他是通过对老农观察后，觉得老农浑身上下不可能有地方掏出钱来，因而也就断定，老农不可能成为他的顾客。虽然屠夫的判断和做法是错误的，可是这则故事告诉我们，对于准顾客的资格鉴定是很重要的。

课堂随笔

推销实务（第2版）

　　在推销实践中，推销人员获得一定数量的顾客资料后，要先筛选出准顾客名单，之后要对准顾客的资格进行鉴定。因为并不是所有的准顾客都会转化成顾客，所以有必要进行顾客资格的鉴定。

　　顾客资格鉴定又称为顾客资格认定或顾客资格审查，是指推销人员通过对潜在顾客的实际需求、购买能力、决策权的分析，来确定准顾客的过程。顾客资格鉴定并非独立于寻找准顾客之外，事实上它始终是和寻找顾客的过程紧密联系的。

　　顾客资格鉴定是推销人员的一项重要工作，鉴定的目的是准确地找出准顾客，使其成为有效的推销对象，避免盲目地在非准顾客身上浪费过多的时间和精力。通过对顾客资格的鉴定，既可以提高推销人员的工作效率，也可以提高交易的成交率。

二、顾客资格鉴定的必要性

　　（1）通过顾客资格鉴定，可提高推销访问的成功率。只有符合一定条件的潜在顾客才能成为真正的目标顾客。如果不对其进行资格鉴定，统统都去拜访，那么不仅会降低推销的成功率，还有可能因此影响到推销人员的工作情绪，使其士气降低。

　　（2）通过顾客资格鉴定，可节约推销访问的成本。推销人员通过顾客资格鉴定，可明确自己工作的对象，准确而有效地找到顾客，把有限的推销成本花在有可能成交的顾客身上，把暂不符合资格的潜在顾客从当前的目录中删掉，避免这些潜在顾客挤占推销成本。这样来看，就大大节约了推销访问的成本。

　　（3）通过顾客资格鉴定，可节约推销访问的时间。顾客资格的鉴定使得推销人员有了明确的推销目标，减少了在与顾客接触过程中的摸索时间。对于暂时不符合标准的顾客，可以先放一放，而把有限的时间花在符合标准的顾客身上。

（4）通过顾客资格鉴定，可提高推销人员的工作效率。顾客资格的鉴定，使得推销人员在工作时有目标地、有针对性地实施推销策略，争取最有可能的顾客，提高成交率，从而获得一个较高的工作效率。

> **小案例**
>
> 美国有位汽车推销员应一个家庭电话的约请前往推销汽车，推销员进门后见这个家里坐着一位老太太和一位小姐，便认定是小姐要买汽车。推销员根本不理会那位老太太，经过半天时间的推销面谈，小姐答应可以考虑购买这位推销员所推销的汽车，只是还要最后请示那位老太太，让她做出最后的决定。结果老太太横眉怒目，打发这位推销员赶快离开。后来又有一位汽车推销员应约上门推销，这位推销员善于察言观色，同时向老太太和小姐展开攻势，很快就达成交易。

三、顾客资格鉴定的内容

消费者要消费某件产品时往往会受到以下3个因素的制约：一是自己的购买欲望；二是自己的购买能力；三是自己是否有权决定购买。因此，顾客资格鉴定的主要内容也就包括顾客购买需求的鉴定、顾客购买力的鉴定和顾客购买决策权的鉴定。

1. 顾客购买需求的鉴定

消费者的需求，是推销人员能否将自己的推销工作继续下去的前提，如果消费者没有需求，那么即使设计了再好的推销计划，也是于事无补的。因此推销人员必须对顾客的需求进行鉴定，也就是说，推销人员要确认潜在顾客是否真的需要这些产品。对消费者的需求进行鉴定，应主要从以下3个方面来着手：一是需要什么；二是何时需要；三是需要多少。

（1）需要什么。消费者对一件产品的需要，主要来自外界或内部的刺激，解决方式有很多种。例如，同样是为了解决口渴的问题，可以选择绿茶、红茶、果汁、碳酸饮料等各种不同功能的饮料。这时候推销人员就需要弄清楚消费者需要什么。

（2）何时需要。对于不同的商品，消费者产生消费需要的时间是不一样的。根据马斯洛的需求层次原理，人只有在低层次的需要得到满足后才会去满足高层次的需要。因此可以得知，人的需求是分时间段出现的。例如，当一个人食不果腹时，他自然会想吃饱肚子，而不是想着拥有汽车和豪宅。

（3）需要多少。消费者的购物频率是根据商品的性质来确定的。对于个人或家庭顾客所消费的生活用品，这类商品在一般情况下的需求量不大，但是重复购买的频率很高；而对于生产资料商品的消费，组织类型的顾客在一般情况下购买的量较大，但是频率却很低。因此对于不同的商品，需要的量是不同的。确认消费者的需求量有助于企业自身安排好生产确保及时、足量地交货。

通过上述方式的鉴定，推销人员可及时发现消费者的需求，这不仅有助于节约成本，还能准确地为顾客进行服务。

案例 2-6

一位年轻的图书推销人员向一位大学教授推销教材，开口就问："喂，你贵姓？"教授做了回答。他又问："喂，你教什么课？"教授回答："我教推销学。"于是推销员便开始阐述自己出版社新出版的一本推销学著作如何的好。最后又问教授："你现在用什么教材？"教授回答："你卖的这本书正是鄙人所著，并为鄙人所用。"小伙子再也无法坚持下去，慌忙收拾东西走人了。

课堂随笔

案例分析

这个案例告诉我们，推销人员要弄清楚准顾客的需求，以便做到事半功倍。

2. 顾客购买力的鉴定

顾客的购买力即顾客的支付能力，通俗点讲，就是顾客是否有足够的钱来购买产品。顾客的购买力是完成交易的重要条件，是准顾客转化成顾客的前提。对产品有需求的人很多，但是只有愿意为他的需求支付金钱的，且有相应支付能力的人，才能成为顾客，才能完成交易，也只有有支付能力作为保障的需求才是有效的需求。顾客购买力鉴定的内容主要有顾客的现金兑付能力、财务状况、资金结构、经营状况、偿还拖欠贷款的能力与信用度等。

顾客支付能力按照不同的标准有不同的划分方式。

按照是否能及时支付，我们将顾客支付能力划分为现有支付能力和潜在支付能力两种形式。现有支付能力是指顾客拥有足够的资金，只要其愿意，立即就能实现需求。这一类顾客是理想的目标顾客。潜在支付能力是指顾客对于产品有需求，但是因为资金短缺或其他原因，暂时不能实现支付，或者不能一次性支付完毕的情况。这一类顾客是将来发展的方向，也是推销的动力。对于有潜在支付能力的顾客，可以使用分期付款、赊销等方式来促成交易的完成。

按照顾客的组织形式，顾客支付能力可以划分为组织型顾客的支付能力和个人或家庭的支付能力。组织型顾客的支付能力是指顾客能否按期支付货款的能力，对这一类顾客，应主要鉴定其财务状况、资金结构、运营状况、信用度等。对于个人或家庭的支付能力，主要鉴定消费者个人或家庭经济收入情况、消费构成等。

小案例

一位房地产推销员去访问一位顾客，顾客对他说："我先生忙于事业，无暇顾及家务，让我做主用几十万购买一套别墅。"推销员一听非常高兴，便三番五次到她家拜访。有一次，他们正在谈话，有人敲门要收购废品，这位太太马上搬出一堆空酒瓶与收购者讨价还价。推销员留心一看，这些酒多是一些低档酒，很少有超过10元钱的，推销员立即起身告辞，从此便不再登门。

猜一猜，推销员从中发现了什么？

3. 顾客购买决策权的鉴定

决策权也称决定权，通俗点讲就是拥有最终拍板决定的权力。不管是在家庭还是组织内部，决策者的决策权都会影响到其成员的方方面面。也许一笔交易开始都谈得很顺利，但是到了决策者决策的时候却没有通过，这样不仅浪费了前面的时间，还增加了成本。因此推销人员对顾客的决策权进行鉴定是有必要的。

对于购买决策权的鉴定可以从销售的产品的属性来进行分析。

对于消费品的推销，推销人员面对的是以个人或家庭为基本单位的购买行为。不同的家庭，由于受到家庭收入水平、家庭的开放程度和稳定性、家庭教育背景、家庭组成的规模、家庭生命周期、风俗习惯、社会背景等因素的影响，其购买决策的方式也是不尽相同的。例如，一些日常生活用品的决策权一般在家庭主妇那里，而对于家庭来说的大件商品，则有可能由大家共同商量决定。针对这些情况，推销人员要根据自己产品的特征，结合不同类型家庭消费者的特点，分析出谁是家庭消费中的决策者。

一般情况下，我们把家庭购买决策类型划分为妻子做主型、丈夫做主型、共同协商决定型和各自做主型四大类。

（1）妻子做主型是指妻子在购买决策的过程中具有购买决策权的一种购买类型。一般情况下，家庭的日常生活用品，以及花费数额不大的消费品都是由家庭主妇做主购买的。例如，家里的油盐酱醋茶、餐桌上的饭菜、身上穿的衣服等生活用品大多是由家庭主妇决策购买的。

（2）丈夫做主型是指丈夫在购买决策的过程中具有购买决策权的一种购买类型。一般情况下，家庭的耐用消费品是由丈夫做主购买的。例如，家里的电视机、计算机等耐用消费品都是由丈夫决策购买的。

（3）共同协商决定型是指在购买决策的过程中，家庭成员共同商量讨论决策购买的一种购买类型。一般情况下，一次性购买数额较大的产品，需要由家庭成员共同协商后才能做出决定。例如，购买房子、汽车，子女的求学等消费金额较大或者对未来影响重大的商品或服务，就需要家庭成员协商才能做出决策。

（4）各自做主型是指在购买决策的过程中，各自可以决定想要的商品，而无须考虑家庭成员的因素的一种购买类型。这种类型是个人的购买决策，常见于未婚阶段的单身成年人、新婚后经济上独立且没有孩子的青年夫妇。这些人的购买决策是可以各自做主的，针对他们的商品也主要是年轻人的时尚、新颖的商品。

思考题：

请问以下产品分别属于哪一种家庭购买决策类型？

人寿保险的购买由_____做主；

度假、孩子上学、购买和装修住宅由_____做主；

清洁用品、厨房用具和食品的购买由_____做主；

饮料、花园用品的购买由_____做主。

对于生产资料市场的产品推销来说，对交易进行决策的不是某一个人，而是一个决策群，这个决策群中的每一个成员都担有不同的职责，每个人拥有的权力也是有限的。所以推销人员找出真正具有决策权的那个人非常重要。推销人员可以从组织型顾客内部的组织结构，购买决策群成员的地位、威望、所处的职位、人际关系、决策系统与决策方式等方面来分析和判断出购买决策群中的核心决策者，以便在工作中把主要的时间和精力用来攻克核心决策者，提高工作的针对性和成功率。

可以从企业性质、购买程序阶段、参与者的角色几个方面对组织型顾客的资格进行鉴定。

一是企业性质。我国企业主要有以下几种类型：国有企业、合资企业、外资企业、民营企业等。不同类型的企业由于受到管理制度的影响，其核心的决策者是不同的。例如，在国有企业里，重大项目的决策者往往不是企业的一把手，而有可能是这家企业主管部门的领导，或者更多的时候是采取公开招标的形式进行购买。在私营企业里，企业的投资者，也就是老板，他的决策权是巨大的，很多时候是他一个人说了算。

二是购买程序阶段。企业的采购程序一般包括提出需求阶段、申报需求阶段、审批需求阶段、招标与评标阶段、购买决策阶段、执行阶段等。在购买的不同阶段，主要的负责部门会不同，因而其决策者也会不同。推销人员必须努力找出各个阶段的负责人，促成交易的成交。

三是参与者的角色。在购买过程中，参与者都扮演了不同的角色，角色的不同导致其在购买中的权力是不同的。一般情况下，参与者中有将来的使用者、现在的决策者、采购的执行者、项目执行者等。推销人员应该仔细鉴定出这些参与者的角色，以便在推销中有针对性地开展工作。

案例 2-7

小刘是一名计算机喷绘机的推销人员，第一次上门推销，去的是一家设计院。小刘心情万分紧张，费了半天劲才找到院长办公室，便硬着头皮敲门进到里边，见长沙发上坐着一老一少，两个人正在交谈。他认定眼前的长者肯定是院长，就主动上前问好、自我介绍、敬烟、递名片、发资料。对方被小刘的阵势弄得晕头转向，待弄清来意后，才指了指身边的那位年轻人说："这位才是你要找的谭院长。"小刘一下子蒙了，搞得下不了台，脸也臊得通红，接下来的推销结果显然不尽如人意。

案例分析

该案例告诉我们对顾客决策权进行鉴定时一定要找准关键决策者。

课堂随笔

任务小结

通过学习，小紫和小蓝懂得了顾客资格鉴定又称为顾客资格认定或顾客资格审查，是指推销人员通过对潜在顾客的实际需求、购买能力、决策权的分析，来确定准顾客的过程；明白了顾客资格鉴定的必要性；知道了顾客资格鉴定的内容主要有顾客购买需求的鉴定、顾客购买力的鉴定和顾客购买决策权的鉴定。

课堂活动

活动一　进行顾客资格鉴定

1．活动目的

通过进行顾客资格鉴定，掌握顾客资格鉴定的条件及内容。

2．活动内容和步骤

（1）阅读以下模拟信息。

小周是上海某信息技术有限公司驻湖南某地级市的销售经理，公司在省城还设有省区经理和专业的技术顾问。公司主营产品是教学模拟软件。

（2）请依据这种情况拟订小周推销的准顾客应具备的条件，并进行准顾客资格鉴定。

活动二　分析案例，掌握顾客鉴定的方法

教师随机从班里抽取一名销售员，销售电脑。此外抽取两名同学扮演顾客，一位顾客是某公司采购，打算为公司购买 100 台电脑用于工作；另一位顾客是刚考入大学的大学生，打算购买电脑用于学习。请分别展示 3 分钟双方销售电脑的情景对话。

思考与练习

一、判断题

1．所谓准顾客，就是顾客。　　　　　　　　　　　　　　　　　　　　（　　）

2．利用个人观察法寻找准顾客时，需要推销人员有敏锐的观察力和准确的判断能力。　　　　　　　　　　　　　　　　　　　　　　　　　　　　（　　）

3．连锁开拓法是中心开花法的一个特例。　　　　　　　　　　　　　（　　）

4．寻找准顾客与顾客资格鉴定是相互独立的两件事情。　　　　　　　（　　）

5．对于顾客资格的鉴定，主要是鉴定其身份是否合法。　　　　　　　（　　）

6．丈夫做主型的个人或家庭消费者的决策权一般由丈夫掌握。　　　　（　　）

7．对顾客的需求进行鉴定时，可以从顾客以前的消费量来确定其需要多少。（　　）

8．最好运用个人观察法来寻找保险产品的准顾客。　　　　　　　　　（　　）

9．做生产资料产品的推销人员，只要直接找到顾客企业的最高领导就可以确定决策权在谁手中了。　　　　　　　　　　　　　　　　　　　　　　　　（　　）

推销实务（第2版）

10. 顾客资格鉴定有诸多好处，所以推销人员必须对顾客资格进行鉴定。　　（　　）

二、单选题

1. 当推销对象不太明确或数量很多时，可采用（　　）。

    A. 普访寻找法
    B. 连锁开拓法

    C. 个人观察法
    D. 广告开拓法

2. 对企业的产品有需求，也有购买能力和决策权的个人和组织是（　　）。

    A. 潜在顾客
    B. 顾客

    C. 准顾客
    D. 中止往来的老顾客

3. 推销员小李参加一次行业会展时获得了不少准顾客的资料。请问这是寻找准顾客的哪一步？（　　）

    A. 收集顾客资料
    B. 罗列约访名单

    C. 更新准顾客卡
    D. 筛选名单

4. 某商场天天都是人流不息，那么进入商场准备购物的人属于（　　）。

    A. 顾客
    B. 准顾客

    C. 过客
    D. 休息者

5. 一般生活用品的购买通常属于（　　）。

    A. 丈夫做主型
    B. 共同协商决定型

    C. 各自做主型
    D. 妻子做主型

6. 消费者在购物时，售货员往往会问"需要些什么"，这是对消费者的（　　）进行鉴定。

    A. 需求
    B. 购买力

    C. 决策权
    D. 购买欲望

7. 准顾客若暂时无现金兑付能力，可以采取（　　）方式促成交易。

    A. 分期付款
    B. 刷卡消费

    C. 实物兑换
    D. 暂停交易

8. 某推销人员从咨询公司收集到准顾客资料的方法是（　　）。

    A. 个人观察法
    B. 广告开拓法

    C. 市场咨询法
    D. 普访寻找法

9. （　　）不是准顾客资格鉴定的内容。

    A. 顾客购买力
    B. 顾客决策权

C. 顾客需求　　　　　　　　　　　D. 顾客身份

10. （　　）不是准顾客的类型。

    A. 中止往来的老顾客　　　　　　B. 现有顾客

    C. 竞争者　　　　　　　　　　　D. 新开发的准顾客

三、多选题

1. 寻找准顾客的步骤主要有（　　）。

    A. 收集顾客资料　　　　　　　　B. 筛选名单

    C. 记录信息　　　　　　　　　　D. 罗列约访名单

    E. 维护更新准顾客卡

2. 准顾客的类型主要有（　　）。

    A. 新开发的顾客　　　　　　　　B. 现有顾客

    C. 中止往来的老顾客　　　　　　D. 潜在顾客

3. 寻找准顾客的方法主要有（　　）。

    A. 普访寻找法　　　　　　　　　B. 个人观察法

    C. 连锁开拓法　　　　　　　　　D. 中心开花法

    E. 广告开拓法　　　　　　　　　F. 市场咨询法

4. 我们主要对顾客的（　　）进行鉴定。

    A. 身份　　　　　　　　　　　　B. 需求

    C. 购买力　　　　　　　　　　　D. 决策权

5. 顾客决策权的类型主要有（　　）。

    A. 丈夫做主型　　　　　　　　　B. 妻子做主型

    C. 共同协商决定型　　　　　　　D. 各自做主型

项目三

与顾客有个约会——约见和接近顾客

学习目标

了解销售中接近目标顾客的具体情况和拟订推销方案的方法；明确约见顾客的理由、要求和方法；掌握接近顾客的主要方法；培养学生灵活运用与顾客约会和接近的方法、技巧等实际操作能力。

导入案例

约见顾客前的准备

今天是星期四，下午四点刚过，张哲精神抖擞地走进办公室。他今年 35 岁，身高 178 厘米，深蓝色的西装上看不到一丝的皱褶，浑身上下充满朝气。从上午七点开始，张哲便开始了一天的工作。他除了吃饭的时间，基本没有闲过。他五点半有一个约会，利用四点至五点半这段时间，他要打几个电话，向客户约定时间，为下星期约见顾客做安排。

张哲拿出数十张卡片，卡片上记载着客户的姓名、职业、地址、电话号码及其他资料。卡片上的客户都居住在市内东北方的商业区内。

张哲选择客户的标准包括客户的年收入、职业、年龄、生活方式和嗜好。

张哲的客户来源有 3 种：一是现有顾客提供的新客户资料；二是张哲从报刊上的人物报道中收集的资料；三是从职业分类上寻找的客户。

在约见客户以前，张哲一定要先弄清楚客户的姓名。例如，想约见某公司的执行副总裁，但不知道他的姓名，张哲便会打电话到该公司，向总机人员或公关人员询问副总裁的姓名。知道了姓名以后，张哲才进行下一步的推销活动。

张哲约见客户是有计划的。他把一天当中所要约见的客户都选定在某一区域，这样可以减少来回奔波的时间。根据他的经验，利用 45 分钟的时间做约见前的电话联系，即可在某一区域内选定足够的客户供一天约见之用。

张哲下一个要约见的客户是一家制造公司的董事长刘庆坤，他正准备打电话给刘庆坤先生，约定约见的时间。

案例思考

（1）张哲是如何利用时间的？又是如何整理客户资料的？

....

....

（2）如何达到有效利用时间的目的？

....

....

任务一　接近准备

　　小紫和小蓝两个年轻的推销助理，通过前一阶段的学习，知道了要想做好推销工作，必须寻找顾客。那么，对寻找到的顾客应如何进一步去接近？应当做哪些具体的接近准备工作？带着这些疑问，两个人一起找到了公司里经验丰富的推销经理佳敏。佳敏根据自己的知识和推销实战经验告诉他们：寻找顾客只是推销工作的开始，后面还有许多工作要完成……

一、了解目标顾客的具体情况

案例 3-1

　　戴尔的推销员在利用客户资料卡向客户推销新产品方面的做法值得好好学习，他们会在数据库中直接找出潜在的客户，然后致电他们。

　　"您好，我是戴尔公司的推销员。我们公司现在对我们的老客户有一些很好的促销活动，您有兴趣了解一下吗？"

　　"好啊。"

　　"在我们的记录中，您是3年半以前采购的，使用得还好吗？"

　　"质量不错，没出过什么问题。"

　　"谢谢您的夸奖。这台计算机是3年前的配置，现在我们为老客户推出了一款特价的配置，如果您在3周内购买，您将另外得到一台力盟彩色打印机。"

　　"我考虑一下吧。"

　　"好啊，我先将这款计算机的配置发到您的电子邮箱里，您的邮箱没有变吧？好的，等我的邮件，再见。"

　　在几周后，这位客户买了戴尔公司的计算机。估计计算机已经安装使用后，这位推销员又致电这位客户。

　　"我在资料库查到计算机已经到货了，您用得还好吗？"

　　"总体还不错，但是好像启动有点儿慢。"

　　"我记录一下,您还有其他问题吗？我会尽快帮您解决的。"

　　过了3天后，这位推销员再次打电话给这位客户："关于您使用中遇到的问题，启动慢应该按照下面的步骤解决……这样解决还行吗？"

案例分析

　　案例思考：从案例中你学到了什么？

課堂随笔

1．目标顾客的含义

目标顾客是指企业的产品或服务的针对对象，是企业产品的直接购买者或使用者。明确目标顾客要解决的根本问题是企业准备向哪些市场区间传递有价值的东西。

2．明确目标顾客需要解决的具体问题

从总的要求来看，不管什么业务，推销人员在对某一个推销对象访问之前，至少对以下问题要有明确答案。

（1）顾客是谁？我能叫得上他的名字吗？

（2）他为什么需要我的产品？他从产品中能够获取什么利益或解决什么问题？

（3）谁是"说了算"的人物？还有谁对购买的最后决定具有重大的影响？

（4）他有什么特点？与他洽谈要注意什么问题？最好的洽谈方式是什么样的？

3．对不同的顾客要了解具体不同的内容

针对不同类型的目标顾客，要了解其不同的具体情况。这里介绍一下要了解的个体型推销对象、组织型推销对象和原有老顾客的具体情况，如表 3-1 所示。

表3-1 对不同顾客需了解的不同情况

顾客对象类型	需了解的情况
个体型推销对象	①基本情况：姓名、职业、联系方式等； ②家庭及其成员情况：家庭收入、主要影响成员、特殊偏好等； ③需求与购买情况：家庭的愿望、需要情况、具体购买要求等
组织型推销对象	①基本情况：名称、地址、性质、行业等； ②组织机构情况：主要领导、组织规章制度、办事程序、人际关系等； ③经营及财产情况：经营规模、产品结构、行业地位等； ④与购买决策有关部门的情况：按照购买决策和执行购买的程序，了解相关部门的基本情况等； ⑤关键人物情况：购买决策参与者五种角色的具体人物、重大影响者等的个人基本情况等
老顾客	①基本情况补充； ②情况变化：经营状况、负责人、资产负债等变化； ③对现有供货商的评价：顾客的满意度等

（1）对个体型推销对象的了解内容。

①基本情况。个人基本情况包括姓名、年龄、性别、民族、出生地、文化程度、职业、宗教信仰、居住地、邮政编码、电话号码等。这方面应特别注意对推销对象爱好和忌讳有关情况的了解。

②家庭及其成员情况。家庭及其成员情况包括所属单位、职业、职务、收入情况和家庭成员的价值观念、特殊偏好、购买与消费的参考群体等资料。尤其要了解该家庭最有影响力的人物的好恶情况。

③ 需求与购买情况。需求与购买情况包括顾客需求的详细内容、购买动机、购买具体要求、需求的排列顺序、支付能力与可接受的付款方式、购买决策权的分布等。

由于个体顾客在身份地位、购买力、个人品位等方面存在着明显的差异，因此，对个体推销对象了解的重点应放在顾客的爱好与忌讳，以及需求与购买情况上。

（2）对组织型推销对象的了解内容。

① 基本情况。基本情况包括企业全称及简称、所属行业、隶属关系、所在地及交通、法人代表及主要决策人物的姓名与电话号码、传真号码等。

② 组织机构情况。组织机构情况包括管理风格与水平、组织规章制度、办事程序、主要领导人及其作风特点、组织机构及职权范围的划分、人事状态及人际关系等。

③ 经营及财产情况。经营及财产情况包括近期及远期的组织目标、经营规模、企业经营范围和产品结构、企业产品和品牌在同行业中的地位和影响力、企业主要的目标市场、市场评价、市场占有率与增长率、竞争与定价策略等。

④ 与购买决策有关部门的情况。这是了解的重点。推销人员要了解：一般情况下由哪些部门发现需求或提出购买申请；由哪个部门或机构对需求进行核准与说明；由哪个部门或机构参与选择供应商；选择供应商的标准是什么；审批购买预算的部门或负责人是谁；哪个部门掌握最后的决策权；哪些部门对购买决策有重大的影响；顾客企业目前主要的供应商是哪些企业，它们双方是何种关系；顾客对它们的满意度如何，是否存在问题；供货渠道方是单一的还是多向的。

⑤ 关键人物情况。从购买决策原理看，推销人员要了解购买决策参与者5种角色的具体人物及具体情况：谁最先提出购买申请；谁对购买有重要的影响；谁掌握着购买决策的最后决定权；谁负责购买；谁使用这种产品；他们这些人的个人具体情况如何。

推销人员对组织型推销对象的了解重点应放在该企业或单位存在的问题、购买决策组织程序、关键部门与关键决策人物等方面。

（3）对老顾客的了解内容。对于熟悉的、比较固定的顾客，推销人员在接近之前主要应了解他们变化的情况。

① 基本情况补充。基本情况补充是对原来的基本情况，如有错、漏、不清楚、不确切的，及时给予修正与补充。

② 情况变化。目前，各企业都处于一种变化状态，甚至是突变的状态。因此，推销人员应对原来掌握的情况进行核对落实。如发生变化，应及时更正。尤其对企业的性质、经营体制、管理体制、人事、机构的变化，更应多加注意。

③ 对现有供货商的评价。在关系营销受到异常关注的今天，顾客的反应是极为重要

的。顾客一旦对购买的产品产生了良好的印象，就会做出积极的反应，下次购买很容易立即联想到该产品、该企业或该推销人员。但是如果对上次购买评价较差，就难与推销人员维持长久的合作关系。推销人员应关注顾客的评价，一旦有不良评价就应该设法了解情况，改进工作，消除不良影响。

对老顾客背景了解的重点应放在顾客的购买评价情况上。

二、拟订推销方案

拟订推销方案就是对整个推销业务洽谈进程及其策略的构思和策划，主要包括顾客分析、产品分析、推销步骤与策略3个方面。

1. 顾客分析——顾客是谁？

（1）顾客是什么样的人（组织）？

顾客的姓名和职务是什么？

顾客有什么特点、偏好和爱好？

顾客工作单位的背景是怎样的？

谁是购买决策者——是个人，是某些组织成员，还是董事会？

（2）顾客需要什么？

顾客为什么需要购买产品？要解决什么问题？

顾客理性上的动机与情感上的愿望是什么？个人动机和组织动机又是什么？

顾客（本人、其他人、部门、公司）想得到的交易条件是什么？

顾客的购买政策和惯例是什么？

（3）顾客会是什么态度？

顾客态度是拒绝的，是冷漠的，是平静的，还是欢迎的？

拜访会遇到什么阻力（门卫、秘书等）？

顾客有哪些反对意见（不需要、已购买、没钱、其他借口等）？

2. 产品分析——我能提供什么？

（1）我们的产品有什么基本特点？

（2）我们的产品有什么优势？

（3）我们的产品会解决顾客什么问题，或给顾客带来什么利益？

（4）公司、销售部和我能提供哪些证明、证据和事实？

3. 推销步骤与策略——我该怎样进行推销？

（1）见面的场合与当时的情景是怎样的？

第一句话（开门见山、顾客感兴趣的话题、其他）该说些什么？应该怎么说？我用什么话题转入正式洽谈？

（2）我用哪些问题来探测顾客的需要和购买计划？

（3）我的产品在哪些方面与顾客的需求点是正好吻合的？

我该怎样进行产品介绍（说辞准备）？

我该怎样阐述？使用哪些有说服力的证据证明产品符合顾客的需要？

我该怎样操作产品进行示范（动作要领）？

（4）洽谈中要进行哪些交易条件（价格、付款方式、交货方式、服务项目等）的谈判？

（5）顾客可能会提出哪些反对意见？我如何处理？

最敏感、最有争议的问题是什么？

（6）此次业务洽谈的第一目标是什么？有没有第二目标？

（7）如何获得重访的机会？

（8）我该怎样与顾客道别？

推销人员在推销前如果能够顺利地回答这些问题，也就完成了推销方案的设计。

三、做好必要的物品准备

顾客一般是不会向一个毫无准备的推销员订货的。因此，推销人员在每次拜访之前，都要做好各方面的充分准备。要调动自身的一切积极因素，使自己保持良好的精神状态；要对行动路线与拜访时间做好规划和安排；同时要做好物品方面的准备。

物品方面的准备主要包括 5 个方面，即产品、样品或模型、推销音像资料、文字资料和推销人员的自身道具。当然，推销拜访时具体该带些什么，没有统一的要求。简单的推销可能只需要个人的名片、身份证、驾驶证、推荐信函、电话记录本、产品目录、价格表、已经购买的顾客的资料、合同或协议书、私人用品等；复杂的推销可能还要加上以下物品：产品样本与模型、有关产品的音像资料、产品有关证明与荣誉、示范道具、产品投放的广告宣传媒体及有关资料、曾经服务过的客户及其评价、推销对象购买可行性分析资料、推销人员自己使用的有关材料或工具等。

物品的准备要认真细致。一不能丢三落四，避免到时候还要问顾客"有笔吗"、"借用一下您的计算器"或"我忘了带价格表"等，这些问题不仅会影响洽谈的顺利进行，而且会给顾客留下不良的印象；二不能摆放无序，公文包中的各种材料都应有固定的摆放位置，到时候方便取用。

知识链接

企业礼品印Logo的好处

企业经营发展到一定规模的时候，一般会制作自己的个性礼品用于商业交流。在推销产品时，适当地给客户赠送礼品，不但能达到交流的目的，而且能给企业的形象传播带来好处。

把企业Logo印制在礼品上，推销人员赠送这些礼品时会显得更有档次、有特征。而且，顾客一看到礼品就知道是谁送的，就会强化推销人员和企业在消费者脑海中的印象，以达到拉近与顾客之间距离的目的。

任务小结

通过深入的学习，小紫和小蓝明白了在寻找顾客之后，要分析企业的目标顾客，明确目标顾客及其需要解决的问题，学会拟订推销方案，还要做好充分的精神和物资方面的准备工作。

课堂活动

活动一 分析案例，谁是目标顾客

1. 活动目的

学会选择正确的目标顾客。

2. 活动内容和步骤

（1）阅读以下案例。

一个推销员与某商场的张经理接近一个多月了，但始终没有达成交易，他感到很纳闷。有一天，他同一个朋友说起来，朋友说："他是负责进货的人吗？" 一句话惊醒梦中人。推销员马上打听了一下该商场负责进货的人，果然不是他所接洽的张经理，而是一位姓李的经理。

（2）分析案例中的推销员选择的目标顾客是否正确，并说明理由。

活动二 典型产品的推销准备训练

1. 活动目的

了解和掌握特定产品的推销准备方法和内容。

根据当地学生就业的主要推销类型，在推销员、销售代表或业务员里选择一份业务，

组织推销准备的实训活动。

2. 活动内容和步骤

（1）确定业务类型：如在 TCL 手机专卖店推销手机，在华润油漆专卖店推销油漆，在服装专卖店推销服装，在广州本田 4S 店推销雅阁汽车，等等。

（2）确定训练项目：了解和掌握背景情况，设计推销方案，设计拜访理由，罗列可能制作和携带的推销工具。

（3）准备训练条件：收集以上有关推销业务的基本背景材料（以某个具体企业的真实推销为佳）。

（4）落实具体推销对象：如某个单位或个人，分析业务背景及训练要求，组织学生进行文字撰写，集体讨论，总结。

任务二　约见顾客

在接近顾客的准备活动中，小紫和小蓝已经明确了目标顾客的情况，也拟订了初步的推销方案，为约见顾客做好了准备。但是，到底应在什么时间、什么地点，以什么方式去约见顾客呢？为此，他们找到了推销主管大雄。大雄以过来人的身份对他们说："这里的学问可大着呢……"

约见顾客，或称商业约会，是指推销人员事先征得顾客同意接见的行动过程。约见实际上既是接近准备的延续，又是接近过程的开始。只有通过约见，推销人员才能成功地接近准顾客，顺利开展推销洽谈。通过约见，推销人员还可以根据约见的情况进一步进行推销预测，为制订洽谈计划提供依据。此外，约见还有助于推销人员合理地利用时间，提高推销效率。当然在某些情况下，约见顾客这个环节也是可以省略的，要视具体情况而定。

一、约见的内容

案例 3-2

推销员："王总：您好！冒昧打扰了。"

王经理："你好，你是谁？有什么事？"

推销员："请问，您还记不记得卢森明教授？"

王经理："当然记得，她是我大学时的论文指导老师，你怎么会认识她？"

推销员："恰好她也是我的导师，我能有您这样一位有成就的师兄感到十分自豪！我现在是科健公司的业务员，想向您介绍我们公司的产品，正是卢老师为我提供了您的电话，她说您可以帮助我。"

王经理："原来是这样，卢老师的面子我不敢不给，何况我们是校友。"

推销员："十分感谢！那请问王总：我是星期二还是星期三来拜访您比较方便呢？"

王经理："星期二有个重要会议，这样吧，星期三下午3点来我办公室找我好了，我会提前与秘书打声招呼。"

推销员："很好，就按您的意思办。再次感谢！再见。"

案例分析

1. 指出上例中推销员约见王总经理时，具体约定了哪些事项？

2. 推销员采用的约见方法是什么？你认为还可以用哪些方法约见顾客？

在案例中推销员所表达的内容大致分为以下5个方面：约见对象——王经理；约见事由——建立联系；约见内容——介绍产品；约见时间——星期三下午三点；约见地点——王经理办公室。

课堂随笔

1. 确定约见对象

约见顾客，首先要明确具体的约见对象。约见对象指的是对购买行为具有决策权或对购买活动具有重大影响的人。一般来说，推销人员在开始约见之前就要选定约见对象。对于企业而言，公司的董事长、经理、企业厂长等是企业或有关组织的决策者，他们拥有很大的权力，是推销人员首选的约见对象，推销人员若能成功地约见这些决策者，将为以后的推销活动铺平道路。但在实际推销工作中，推销人员往往发现自己无法直接约见这些大人物，而需要先和他们的下属或接待人员接触。

2. 制订约见内容

约见作为推销接近的前期准备工作，它的内容取决于接近和面谈的需要。作为接近顾客的一种有效方式，约见本身又是推销拜访的准备阶段，其主要内容取决于拜访活动的客观要求。在推销中，不能以同一种方式拜访所有的顾客。推销人员与准顾客之间的关系不同，约见内容也有所不同。此外，约见内容还取决于接近准备情况。推销人员应该根据每一次推销访问活动的特点来确定具体的约见内容，抓住一定的规律，不能随心所欲，要充分考虑有关顾客各方面的情况。一般来说，约见的主要内容包括约见对象、事项、理由、时间和地点5个方面。

3．确定约见事由

确定了访问对象，明确了约见内容，接着就要向对方说明约见事由。任何推销员约见顾客的目的只有一个，就是向顾客推销产品或服务。但是，具体到每次约见的目的却因推销活动的进行程度和具体情况不同而有所不同。推销人员约见顾客，总要有充分的理由，使顾客感到有会见推销人员的必要。但就每次访问而言，访问的事由不应过多。一般说来，约见顾客的目的和事由不外乎下列几种。

（1）建立联系。这个约见客户的理由对于新成立的公司或新上任的某个岗位负责人非常适用，新公司成立自然需要一些有业务关系的服务公司，而某个岗位新上任负责人也需要认识一些有业务联系的单位，这个时候先入为主可以得到很好的机会。以此为约见客户的理由也容易为客户接受。

（2）推销产品。约见顾客的主要目的是向顾客推销产品。在约见顾客时，推销人员应该向顾客说明拜访的真实意图，并设法引起顾客的注意和重视，着重说明所推销产品的特性和用途，以及能给顾客带来的好处。若顾客确实需要推销的产品，自然会欢迎推销人员的来访，并给予必要的合作。若顾客根本就不需要所推销的产品，而推销人员以某借口约见顾客，也是强人所难，自然推销不成。如果推销人员坚信推销产品对某位特定的顾客有利，而这位顾客又拒不接见，此时推销人员可以适当运用一些技巧，在顾客方便时再次约见。

（3）市场调查。市场调查是推销人员的职责之一。推销人员既要为直接推销做准备，又要为企业经营活动提供制订决策的情报依据。推销人员将市场调查作为访问事由来约见顾客，比较容易被准顾客所接受，这既有利于搜集有关资料和信息，为进一步推销做好准备，又可以避免强行推销，甚至由市场调查转变为正式推销产品，以至当面成交。

（4）提供服务。各种推销服务作为推销品的附加品，与推销活动密切相关，并且为顾客所关注，所以服务也成了推销的保证。服务在市场竞争中起着越来越重要的作用，推销人员应重视为顾客提供服务。其实，推销本身就是一种服务，推销人员就是服务人员。没有服务或服务不佳，推销便无从谈起。利用提供服务作为访问事由来约见顾客，比较受顾客欢迎，既可完成推销任务，又可扩大企业影响，树立企业和推销人员的信誉。

（5）走访用户，联络感情。在市场竞争日趋激烈的推销环境里，推销人员可以以各种形式约见顾客，走访用户。一是征求意见，二是表达谢意，三是寻求感情上的融洽和共鸣，以密切主顾关系。这样做，既能让推销人员处于积极主动的有利地位，又容易获得顾客的好感。

（6）促销活动。这种推销技巧经常被店家使用，新品上市、产品或服务优惠打折，请客户过来参观获得优惠，这是一个很好的约见客户的理由。

（7）公关活动。在房地产销售技巧和汽车销售技巧中经常使用，如当新车上市、新盘竣工举行盛大的公关活动时，销售人员常将目标客户电话打个遍，邀请客户过来见面。

此外，推销人员还可以以慕名求见、当面请教、礼仪拜访、代传口信等作为约见理由，必要时还可把推销约见说成私人访问，使约见更富有人情味。总之，约见时要向顾客说明约见理由，确定约见理由的原则是有利于顾客接受，有利于争取顾客的合作。

案例 3-3

一位钢铁产品的推销员打电话给顾客说："我们新近开发了一种产品，这种新产品的最大特点是可以降低生产费用，您想不想了解一下？如果您下午有时间的话，我把相关资料给您送过去。"哪个生产商对减少生产费用的建议不感兴趣呢？所以，推销员的约见成功了。

案例分析

任何推销访问的目的只有一个，那就是推销产品。

课堂随笔

4. 确定约见时间

在推销技巧上首先要充分尊重客户的时间安排，尽量为客户创造方便。其次要善于打时间差，特别是对于组织型推销，客户决策人一般是单位负责人，很少有大块时间拿出来接见你，所以要善于找时间差来安排。再次要注意客户情绪或身体的实际状况，情绪不好或身体劳累往往影响洽谈效果，如这一段时间客户处于情绪低落阶段，或者客户在一天的某个时刻比较疲劳，就尽量不要安排那时和客户见面。最后根据拜访目的选择拜访时间，比如进行以联络感情为目的的拜访，时间就要尽量放在客户比较闲散的时间上。

另外，在与客户约定见面时间的时候，还有一个"二择一"的推销技巧，如不说"王先生，您看我什么时候拜访您方便？"而说："王先生，您看我是 5 日上午拜访您呢，还是 6 日下午拜访您？"后面的销售话术显然更容易达成约见客户的目的。

5. 确定约见地点

在推销技巧上首先要充分照顾客户的方便，但如果能将客户约见到经过特殊布置的销售场地，如售楼处或 4S 店的洽谈间是最好的。如果约见客户地点是他的工作地点或家庭，则要注意你能否按时到达并找到那个地方。在不少推销案例中，由于销售员漫不

推销实务（第 2 版）

经心，跟顾客约好时间后，不是路上堵车，就是下车找不到地方，让顾客久等，并因此让顾客很不满意。还有就是一些公共娱乐场所如咖啡厅、茶楼等，选择的地方一定要安静便于交谈。

知识链接

约见有助于进一步了解与补充顾客资料

在接近顾客前有一个约见的过程，推销人员可以通过与顾客的初步接触，了解顾客更多的情况。如果是新顾客，即使是通过电话约见，也可以从对方接电话时间的长短、接电话人的说话内容、顺序、声调、语速、口音等方面对顾客有一个初步的感性认识，为以后的接近创造更多的机会；如果是熟悉的顾客，可以回忆上一次接触时的情景，增加接触、加深感情。通过约见阶段，还可以把新的资料补充到顾客的档案内，通过再一次回忆，敏锐地发现老顾客的变化情况，及时调整推销策略。

知识链接

争取约见本身就是一种推销活动

在争取获得约见的过程中，主要是处理各种复杂的人际关系，如推销人员与接待人员之间的关系、推销人员与顾客之间的关系等。有时，推销人员争取约见掌握购买大权的经理是很困难的，而更多的是与接待人员或秘书打交道，谋求与他们的合作，以求突破一道道防线，得到经理的约见。所以，争取获得约见是与顾客直接打交道的第一个环节，对整个推销有极其重要的意义。

二、约见顾客的方法

推销人员要达到约见顾客的目的，不仅要考虑约见的对象、时间和地点，还必须认真研究约见顾客的方法与技巧。现代商务活动中常见的约见顾客的方法主要有电话约见法、信函约见法、当面约见法、委托约见法和广告约见法。实际应用时，经常将两种或两种以上的方法结合在一起同时使用。

1. 电话约见法

电话约见法是现代推销活动中最常用的方法，它的好处在于迅速、方便、经济、快捷，使顾客免受突然来访的干扰；也使推销人员免受奔波之苦，可节省大量时间及不必要的差旅费用。获得电话约见，成功的关键是推销员必须懂得打电话的技巧，让对方认为确实有必要会见你。由于客户与推销员缺乏相互了解，电话约见也最容易引起客户的猜忌和怀疑，所以推销员必须熟悉电话约见的原则，掌握电话约见的正确方法。打电话时，推销人员应事先设计好开场白，在语言的组织和运用中，要注意技巧。

下面举出的两种有关约定时间的问话，由于表达方式和用语的差异，其效果完全不同。

问话一："王先生，我现在可以来看您吗？"

问话二："王先生，我是下星期三下午四点来拜访您，还是下星期四上午九点来呢？"

十分明显，问话一的约见使推销人员完全处于被动的地位，易遭到顾客的推辞。问话二则相反，推销人员对于会面时间已主动排定，顾客对推销人员提出的"选择题"若一时反应不过来，便只好随推销人员的意志，做"二选其一"的抉择，而没法推托了。

还需注意的是，电话推销应避开电话高峰和对方忙碌的时间，一般上午十点以后和下午较为合适。在大家共用一个办公室或者共用一部电话时，应取得大家的相互配合，保持必要的安静。

（1）优点：

① 电话约见法有利于推销人员快速约见或紧急约见顾客；

② 电话约见法可以随时通话，反复约见；

③ 有些情况下，电话约见能够更加有效地引起顾客注意。

（2）局限性：

① 电话约见法成本相对较高；

② 电话约见法的使用效果和范围，受到具体地区电信条件的限制；

③ 电话约见法中为了追求言简意赅，有时会造成约见失误。

2. 信函约见法

信函约见法是指推销人员通过信函或电子邮件来约见顾客。信函是比电话更为有效的媒体。虽然随着时代的进步出现了许多新的传递媒体，但多数人认为信函比电话更显得尊重他人一些。常见的约见顾客的信函方式主要有个人信件、单位公函、会议通知、请帖、便条、电子邮件等。另外，使用信函约见还可将广告、商品目录、广告小册子等一起寄上，以增加对顾客的关心。

（1）优点：

① 在特定情况下，信函约见更有利于接近顾客；

② 信函约见能够在一定程度上避免约见错误；

③ 信函约见灵活机动、费用低廉；

④ 信函约见可以表达口头语言难以表达的含义。

（2）局限性：

信函约见法有时不利于反馈顾客的信息。顾客经常对推销信息不够重视，从而使得信函约见法的作用无法充分发挥。

3. 当面约见法

这是推销人员对顾客进行当面联系约见的方法。这种约见简便易行，极为常见，是一种较为理想的约见方式。推销人员通过这一约见方式不仅可以对顾客有所了解，而且便于双向沟通，缩短彼此的距离，易达成有关约见的时间、地点等事宜。

推销人员在具体使用这一方式时，需察言观色，随机应变，灵活运用一些技巧，以保证约见工作的完成。例如，在途中不期而遇时、在见面握手问候时、在起身告辞时，推销人员都应该借机面约。

（1）优点：

① 当面约见有助于发展双方关系，加深双方感情；

② 当面约见的同时，推销人员可以进行接近准备。

（2）局限性：

① 当面约见法的使用范围受到推销地理空间的限制；

② 当面约见若被拒绝，会使推销人员较为尴尬。

尽管当面约见方式具有上述局限性，但仍不失为一种可行的约见方式。

4. 委托约见法

委托约见法是指推销人员委托第三者约见顾客的方式。所委托的第三者，可以是推销员的同学、教师、同事、亲戚、朋友、上司、同行、秘书、邻居等，也可以是各种中介机构。委托约见可以借助第三者与推销对象的特殊关系，克服目标顾客对陌生推销人员的戒备心理，取得目标顾客的信任与合作；有利于进一步的推销接近与洽谈。

（1）优点：

① 委托约见法可以在一定程度上节约推销时间，提高约见效率；

② 委托约见可以借助第三者与推销对象的特殊关系，克服目标顾客对陌生推销人员的戒备心理，取得目标顾客的信任与合作。

（2）局限性：

① 委托约见法有时无法引起顾客的充分重视；

② 委托约见法有时会出现误约情况。

5. 广告约见法

广告约见法是指推销员利用各种广告媒体约见顾客的方式，常见的广告媒体有广播、电视、报纸、杂志、邮寄、路牌等。利用广告进行约见可以把约见的目的、对象、内容、要求、时间、地点等准确地告诉广告受众。在约见对象不具体、不明确或者约见顾客太多的情况下，采用这一方法来广泛地约见顾客比较有效。也可在约见对象十分明确的情况下，进行集体约见。

（1）优点：

① 广告约见法有利于"请客上门"，使推销人员处于主动地位；

② 广告约见法有利于推销人员紧急约见某些顾客；

③ 广告约见法可以较大幅度提高推销效率。

（2）局限性：

① 广告约见法具有高额的约见成本和费用；

② 广告约见法只能作用于特定媒体的目标受众。

任务小结

通过学习，两个年轻的推销助理小紫和小蓝掌握了约见顾客的内容：确定约见对象、制订约见内容、确定约见事由、确定约见时间、确定约见地点等。同时他们也了解了约见顾客的方式可以在电话约见、信函约见、当面约见、委托约见、广告约见等几种方式中灵活选用，或单独使用，或组合使用。

课堂活动

活动一　分析案例，掌握电话约见的方法

1. 活动目的

掌握电话约见的方法。

2. 活动内容和步骤

（1）阅读以下案例。

一次成功的电话约见

推销员："您好，是实力润滑油有限公司吗？你们的网站好像反应很慢，谁是网络管理员，请帮我接电话。"

前台："我们网站很慢吗？好像速度还可以呀。"

推销员："你们使用的是内部局域网吗？"

前台："是呀！"

推销实务（第2版）

推销员："所以，肯定会比在外面访问要快，但是我已经等了5分钟，第一页还没有完全显示出来，你们有网管吗？"

前台："您等一下，我给您转过去。"

推销员："您等一下，请问网管怎么称呼。"

前台："有两个呢，我也不知道谁在，一个是小吴，另一个是刘芳。我给您转过去。"

推销员："谢谢！"（等待）

刘芳："您好！您找谁？"

推销员："我是长城服务器的客户顾问，我刚才访问了你们的网站，想了解一下有关奥迪用润滑油的情况，你看都10分钟了，怎么网页还没有显示全呢？您是？"

刘芳："我是刘芳，不会吧？我这里看还可以呀！"

推销员："你们使用的是局域的内部网吗？如果是，你是无法发现这个问题的，如果用拨号上网的话，你就可以发现了。"

刘芳："您怎么称呼？您是要购买我们的润滑油吗？"

推销员："我是长城服务器的客户顾问，我叫曹力，曹操的曹，力量的力。我平时也在用你们的润滑油，今天想看一下网站的一些产品技术指标，结果发现你们的网站这么慢。是不是有病毒了？"

刘芳："不会呀！我们有杀毒软件的。"

曹力："那就是带宽不够，不然不应该这么慢的。以前有过同样的情况发生吗？"

刘芳："好像没有，不过我是新来的，我们的主要网管是小吴，他今天不在。"

曹力："没有关系，你们网站是托管在哪里的？"

刘芳："好像是西城电脑局网络中心。"

曹力："哦，用的是什么服务器？"

刘芳："我也不知道！"

曹力："没有关系，我从登录的情况看，似乎是服务器响应越来越慢了，有可能是该升级服务器了。不过没有关系，小吴何时来？"

刘芳："他明天才来呢，不过我们上周的确是讨论过要更换服务器了，因为企业考虑利用网络来管理全国1 300多个经销商了！"

曹力："太好了，我看我还是过来一次吧，也有机会了解一下我用的润滑油的情况，另外，咱们也可以聊聊有关网络服务器的事情。"

刘芳："那你明天就过来吧，小吴肯定来，而且不会有什么事情，我们网管现在没有什么具体的事情。"

曹力："好，说好了，明天见！"

（2）回答问题：曹力的真正身份是什么？打电话的目的是什么？曹力是如何约见到客户的？

（3）教师总结：这是一个通过电话预约来促进销售的例子。在这个例子中，曹力首先让客户迷茫，提示客户服务器响应缓慢，或者有中病毒的可能，或者是带宽的问题，等等，总之是问题过多导致客户迷茫；其次是采用了唤醒客户的策略，即明确指向服务器响应缓慢的可能，并安抚客户，暗示客户其实找到了行家里手，不用担心，一来我可以了解一下你们的产品（润滑油），二来可以聊聊有关网络服务器的事情。

通过学习对话，可以知道曹力是网络服务器推销人员，刘芳是客户组织中影响力并不大的一个人，但是，从影响力不大的客户组织内部的人身上却往往有着发现大订单的可能，这个对话中就反映出了大订单的可能性，因此曹力立刻改变策略，要求拜访，并获得了刘芳的支持。

活动二　组织"电话预约"的实训活动

1. 活动目的

能掌握电话预约的操作技术要领。

2. 活动内容和步骤

（1）进行电话预约的过程设计；电话预约的现场模拟训练。

（2）提供业务背景：确定推销类型；确定产品、顾客和有关推销背景等。

（3）安排并检查预约书面文稿的设计；提供示范作品、检查预约文稿完成情况。

（4）组织角色扮演法：布置现场；以学生为主体，教师是导演；"推销员"是主角，"顾客"是配角；注意演练过程的组织与控制。

任务三　接近顾客

小紫和小蓝已基本掌握了约见顾客的内容和方式，这会儿正就如何去实施、去真正地接近顾客进行激烈地争论。佳敏正好走了进来，听到了两个人的争论。她先是表扬了两个人善于学习、肯动脑子的行为，同时告诉他们，接近顾客要讲究具体的方法，要明确接近顾客的目的，找到合适的方法后才可以去实施操作。

一、接近目的

一般来讲，推销人员接近顾客的目的有3个：吸引顾客注意、引起顾客的初步兴趣、在适当的时机转入实质性业务洽谈。

【情景体验】

请4位同学分别扮演推销员甲、乙和店经理1、店经理2，模拟以下两种情景。

情景1

甲：喂，有人在吗？我是某公司的业务代表。在百忙之中打扰您，是想向您请教有关贵店目前使用的收银机的事情。

店经理1：我们店里的收银机有什么毛病吗？

甲：并不是有什么毛病，我是想了解是否已经到了需要更换的时候了。

店经理1：没有这回事，不考虑换新的。

甲：并不是这样的，对面那家店已经更换了新的收银机，我想您也应该考虑换了。

店经理1：不好意思，目前还不想更换，将来再说吧！

情景2

乙：郑经理在吗？在百忙之中打扰您，不好意思。我是某公司在本地的业务代表李强，经常经过贵店，看到贵店生意一直兴隆，恭喜啊。

店经理2：您过奖了，生意并不是那么好。

乙：贵店对客户的态度非常亲切，郑经理对贵店员工的培训一定非常用心，我也常常到别的店，但像贵店的服务态度这么好的，实在是少数。对街的张经理，对您的经营管理也相当钦佩。

店经理2：张经理是这样说的吗？张经理经营的店也是非常好，事实上他也一直是我学习的对象。

乙：郑经理果然不同凡响，张经理也是以您为模仿的对象。不瞒您说，张经理昨天刚换了一台新功能的收银机，非常高兴，才提及郑经理的事情。因此，我才来打扰您。

店经理2：噢！他换了一台新的收银机？

乙：是啊！郑经理是否也考虑更换新的收银机呢？目前，您店里的收银机虽然也不错，使用情况也正常，但新的收银机有更多的功能，速度更快，既能让您的顾客减少等候时间，还可以为贵店的经营管理提供许多有用信息，请郑经理一定要考虑考虑。

请同学思考：你认为甲和乙谁能成功呢？为什么？很明显，采用不同的说话方式收到的效果是不同的。

1．吸引顾客注意

在推销员与顾客刚见面的那一刻，顾客时常被另外的事情所干扰，不可能迅速地对推销员的来访产生兴趣。此时，推销员要迅速地采取各种有效的办法把顾客的注意力转移到自己及自己来访的事宜上来。

2．引起顾客的初步兴趣

当把顾客的注意力吸引过来之后，如果紧接着没有进一步的推销活动，顾客的注意力就会很快地转移到别的事情上。要注意的是，吸引顾客的注意力是不难的，如大声打招呼等都可以引起顾客的注意。但是要维持这种注意力，而且进一步激发顾客对推销洽谈有关事宜的兴趣，则是不容易的事情。推销员必须尽快地让顾客意识到今天的推销拜访与顾客的某种利益或委托密切相关。

3．在适当的时机转入实质性业务洽谈

当推销员实现了以上两个目标以后，要不失时机地转换话题，巧妙地切入此次来访的主题——进入实质性业务洽谈。值得注意的是，这种转换应当做得相当隐蔽，让顾客基本上意识不到。有些顾客对于推销员勉强地或生硬地转入业务洽谈的做法感到反感，顾客有时会因此而刻意阻挠正式业务洽谈。

二、接近顾客的方法

1．介绍接近法

介绍接近法是推销人员通过自我介绍或第三者介绍而接近目标顾客的方法。这种方法虽然普遍但比较缺乏力度，因为它很少能引起目标顾客的注意和兴趣。

自我介绍是人们进行社会交往的一种手段，在推销接近中，主要是为了防止顾客怀疑推销人员的来历和身份。由于交往的目的不同，介绍的繁简程度应有所区别。一般在推销活动中，应尽量简明扼要，讲明姓名、身份和交往目的即可。

他人引荐也是一种有效的接近顾客的方法。在可能的情况下，推销人员应尽可能利用顾客社交圈里的人进行介绍以接近顾客。一般来说，介绍人与顾客之间的关系越密切，介绍的作用就越大，推销人员也越容易达到接近顾客的目的。而介绍人向顾客推荐介绍的方式和内容，对接近顾客甚至成交都有直接影响。

案例 3-4

一个人去买抽油烟机，各种抽油烟机的产品介绍像雪花一样飞来，各位推销员都说自己的产品好，他不知道该买哪一种了。这时，只见一位推销员拿了一份顾客名单给他："这里有一份我们产品的用户名单，您可以打电话了解一下，他们对我们的产品和服务都非常满意。"于是，他询问了其中一位用户，得到的是对该产品满意的答复，于是他就选择了购买该产品。

案例分析

借用户的好评来达成交易，往往比推销员介绍来得快。

课堂随笔

2. 产品接近法

产品接近法是推销人员直接利用产品来接近顾客的方法。产品接近法的媒介是产品本身，推销员可以不说话，主要依靠产品来吸引顾客的注意力。这种方法特别适用于那些可以用外观来评价产品性能的产品或者外观特别有吸引力的产品，如儿童玩具、装饰品、服装等。

案例 3-5

一个女孩推销一种洗地毯的水。她敲开了一家房门，当时女主人很忙，对这位推销员确实不太感兴趣，而这个女孩子经过专业化的训练，她说："太太，你不买没有关系的，我只是告诉你，现在市场上已经有了这种洗地毯的水，你看一看，真的很好，你们家的房子那么大，地毯很漂亮，有没有什么地方有一点点脏，我帮你去清洗清洗。"这位妇女于是打开大门让她进来，餐厅的地毯上有小孩洒的可乐，这位妇女说："那么你看看能不能帮我清洗掉。"女孩就把一点清洁剂倒在上面，擦一擦，然后拿毛巾一抹，啊！那里的污点马上就不见了，这位妇女觉得很吃惊，一下子就买了两瓶。

案例分析

用过硬的产品本身做无声的介绍，也是接近顾客的一种重要方法。

课堂随笔

3. 利益接近法

利益接近法是推销员通过某种方式向顾客提示推销品给顾客带来的利益和好处，以此引起顾客注意和兴趣的接近方法。这种方法是其他接近方法的重要基础，因为，吸引目标顾客注意力与兴趣的根本条件，就是能让顾客认识到推销拜访给顾客带来的利益和好处。其他任何方法的有效性最终还要取决于能否有效地引起顾客对拜访利益的认识。

案例 3-6

上海有一家老字号的绸布店"协大祥绸布店"，1912年该店创建的时候规模很小。"协大祥绸布店"开业后几十年一直坚持"足尺加一"的销售策略。当时有的绸布店买一尺绸布只给九寸五，有的给九寸八，唯有"协大祥绸布店"买一尺给一尺一。表面上看"协大祥绸布店"吃了亏，可是几十年后，"协大祥绸布店"已经成为全上海生意最兴隆的大型绸布店了，销售额占上海棉布零售额的18%，利润总额相当于创业时的400倍。

课堂随笔

案例分析

急功近利是现代人的通性，迅速地告诉顾客你所推销产品的利益，是接近顾客的一个好方法。

4．问题接近法

问题接近法，也叫问答接近法或讨论接近法，是指推销人员利用提问方式或与顾客讨论问题的方式接近顾客的方法。

这种方法符合现代推销原理。现代推销就是帮助顾客找出问题、分析问题和解决问题的过程。推销人员直接向顾客提出有关问题，引起顾客的注意和兴趣，引导顾客思考。在提问与讨论过程中，发现顾客的需求，寻找解决的办法，由此把顾客的需求与所推销的产品有机地联系起来。

案例 3-7

一名矿泉水推销员上门推销，下面是他与一位家住七楼的家庭主妇的对话。

推销员："夏天到了，自来水供应正常吗？水质如何？"

家庭主妇："供应不正常，水质又不好。"

推销员："如果有一种既纯净又有保健功能的饮用水，您的家庭愿意接受吗？"

家庭主妇："可以考虑。"

推销员："如果我们每周两次送水上门，既经济又方便，这样的服务方式您会满意吗？"

家庭主妇："非常好，那我就订3个月的用量吧。"

案例分析

用顾客关心的问题或顾客感兴趣的问题去提问，引导顾客去思考，可以有效地引发顾客的注意和兴趣。

5. 馈赠接近法

馈赠接近法就是推销员利用馈赠物品来接近顾客的方法。因为大多数人喜欢接受免费的东西，用此法有利于创造融洽的气氛，因此它是一种很有效的接近方法。

应用这种方法时要注意下列问题。

（1）馈赠品的选择。一是确定顾客可能的态度，会不会接受。二是了解顾客对赠品的价值观念，以及顾客的爱好和需求。例如，对一个书法爱好者来说，赠他一支上好的毛笔比赠其高档烟酒更受欢迎。投其所好，是选择赠品的基本原则。

（2）馈赠品的内容和性质。赠品必须符合国家有关规定，绝不能将馈赠变成贿赂。赠品只能当作接近顾客的见面礼与媒介，不能作为恩赐顾客的手段。

案例 3-8

推销人员首先给客户寄各种保险说明书和简单的调查表，并附上一张优待券，写明"请您把调查表填好，撕下优待券后寄返我们，我们便会赠送2枚罗马、希腊、中国等世界各国古代硬币（仿制）。这是答谢您的协助，并不是要您加入我们的保险"。

案例分析

送礼要送正当的合法礼品，不能送伪劣商品，也不能变相贿赂。

6. 赞美接近法

赞美接近法是推销员利用目标顾客喜欢被赞扬的心理来引起顾客的注意而顺利转入正式业务洽谈的方法。喜欢听人夸赞是人的共性，人人都喜欢被别人赞美，说好话的人总比说坏话的人更受欢迎。这种方法对大部分顾客来说是有效的。

在实施赞美接近法时应注意以下问题。

（1）赞美应是非分明，这样才让人觉得真实，才能让人感受到诚意。

（2）赞美应尽量切合实际。也就是说，赞美应在细心观察与了解顾客的基础上，对值得赞美的地方加以赞美。

（3）赞美时要态度诚恳、语言真挚，使顾客在一种自然亲切的气氛中接受赞美。

（4）注意赞美顾客内在的品质和修养，这样更易于为顾客所接受。不要冒犯顾客，更不能触及顾客的隐私。

案 例 3-9

在优美的旋律下，你颇想与一位漂亮的女士共舞一曲，可惜"她"的身边已经有个"他"。如何实现这个心愿而又不得罪那位护花使者呢？你不妨试试对那位绅士说："先生，您的舞伴真漂亮，如果您不介意，我可以请她跳支舞吗？"

课堂随笔

案例分析

运用赞美接近法不是随便夸奖两句，而是了解客户的情况，选择时机，找出对方引以为豪之处加以赞美。

7．求教接近法

求教接近法是利用向顾客请教问题与知识的机会接近顾客的方法。以这种方法接近顾客，一般不会遭到拒绝。因为向对方求教问题，是对他的敬重，满足了对方的自尊心理需求，从而巧妙地接近了顾客。对那些虚荣心强、自高自大的顾客，这种方法更为奏效。

具体应用求教接近法时，应注意以下问题。

（1）求教时应态度诚恳，语言谦虚，多听少说，顾客讲得越多，越容易接近。

（2）与赞美接近法结合使用，赞美在前，求教在后。

（3）求教在前，推销在后。如果求教的问题恰当，顾客自然会注意到推销品。若顾客一时没有反应过来，推销人员应再就推销品设计有关问题求教于顾客。这样可以使顾客较快地接受推销品。

（4）求教过程中要注意分析顾客的讲话内容，从中寻找资料，进而确定推销重点。

案例 3-10

格林先生是一家杂货店的老板，非常讨厌别人向他推销。当看到香皂推销员彼得来到店铺前时，他大声喝道："你来干什么？"彼得颇为认真地回答："我听说您是这一地区最会做生意的，香皂的销量最大，我今天是来请教一下您老的推销方法。"老人家一听得意万分，不仅聊得开心，并且一下定了30箱香皂。

案例分析

推销员在向对方请教某一方面的问题，引起对方的话题和兴趣之后再提出推销要求，进行推销宣传，往往可以收到较好的效果。

课堂随笔

8. 好奇接近法

好奇接近法是推销员提出一个问题询问顾客或者做某事令顾客好奇，以引起顾客注意和兴趣的接近方法。使用该方法需要推销员富有想象力，提出的好奇问题应与产品推销有关。

案例 3-11

英国的十大推销高手之一约翰·凡顿的名片与众不同，每一张上面都印着一个大大的25%，下面写的是约翰·凡顿，英国××公司。当他把名片递给客户的时候，几乎所有人的第一个反应都是相同的："25%，什么意思？"约翰·凡顿就告诉他们："如果使用我们的机器设备，您的成本将会降低25%。"这一下子就引起了客户的兴趣，约翰·凡顿还在名片的背面写上这么一句话："如果您有兴趣，请拨打电话×××××。"然后将这个名片装在信封里，寄给全国各地的客户。结果把许多人的好奇心都激发出来了，客户纷纷打电话过来咨询。

案例分析

推销员成功地运用了人们对陌生物品的好奇心理，直接将顾客的注意力转移到产品上。

课堂随笔

三、运用接近方法和技巧时应注意的问题

推销接近是进行实质性推销活动的开始。它的顺利与否关系着能否如期转入推销洽谈，

以及能否取得交易的成功。推销人员应该充分重视这个环节的工作，而且为了能有效地接近顾客，除运用适当的接近方法和技巧外，还应该注意以下问题。

（1）运用不同方法接近不同的顾客，要善于观察和分析顾客的情况，因人而异、有针对性地采用不同的接近方法。例如，对一个自尊心比较强、有一定身份和地位的顾客，可以采用赞美接近法和求教接近法。要注意不同顾客价值观念以及各地风俗习惯的差异，灵活选择和应用各种方法，才能取得预期效果。

（2）可以将基本接近的方法综合运用。例如，使用赞美接近法获得顾客信任，并发现顾客需求与购买意向后，明确给予顾客利益，达到接近顾客的目的。

（3）接近顾客时要注意减轻顾客的心理压力。在推销实践中，推销员不要一味地让顾客接受你的产品，强买强卖会使顾客产生抵抗心理。俗话说得好："买卖不成仁义在。"例如，在运用馈赠接近法时，应说明礼品与推销没有直接关系，只是一种情感与交往的表示；又如用赞美接近法时，应态度诚恳，切合实际，不能言过其实，用词过于华丽。总之，不管能否接近顾客，都是推销员工作的一种体验，要很好地珍惜。

（4）在接近顾客时，推销员要特别注意自己待人接物的礼仪礼节，给顾客留下良好的印象，为进一步的推销工作打下基础。

（5）在接近顾客前，要明确接近对象，掌握顾客的个人资料，尤其是长相特点，防止搞错对象而贻误时机，甚至怠慢了顾客。

任务小结

小紫和小蓝通过努力学习，明确了接近顾客的目的和方法，以及运用接近顾客的方法时应当注意的问题，为以后和顾客洽谈奠定了坚实的基础。

课堂活动

活动一　分析案例，了解如何活用接近顾客的方法

1. 活动目的

学习改变策略接近顾客，以便达成交易。

2. 活动内容和步骤

（1）阅读以下案例。

一个冰淇淋供应商向一位餐厅经理推销时，开口就问："您愿不愿意每销售一加仑的冰淇淋节省 40% 的投资？" 一个保险员递给一位女顾客一张 600 美元的模拟支票，问："您想不想在退休后每月收到这样一张支票？"胶印机推销员见到顾客的开场白是："用我的胶印机印你们公文签的抬头，1000 张才合 5 美元。您上次请别人印是什么价？是 20 美元吗？"

（2）回答问题：

这几位推销员，所使用的是哪一种接近顾客的方法？其优点是什么？

活动二　设计并演示接近方法

1. 活动目的

懂得接近方法的具体应用。

2. 活动内容和步骤

（1）请在下列推销业务中任选两种，设计推销接近的方法。

① 家庭轿车销售。

② 楼盘销售。

③ 接近商场采购部负责人。

④ 上门推销。

（2）描述现场情景、顾客类型及其特征。

（3）形成文字方案。

（4）在模拟的情景中演示接近过程。

思考与练习

一、判断题

1. 约见是推销人员正式接触推销对象的一个步骤，是正式开展推销面谈的前奏。（　　）

2. 最经常使用的，也是最主要的约见地点是顾客的居住地。（　　）

3. 当面约见是一种理想的约见方式，它没有任何不利的一面。（　　）

4. 介绍接近法是最常用的方法，也是其他许多接近方法的基础。（　　）

5. 在接近顾客之初，推销员一定要详细地进行自我介绍。（　　）

6. 无论是有形产品还是无形产品和服务，都可以利用产品接近法。（　　）

7. 从现代推销原理来讲，最有效、最省力的接近顾客的方法是利益接近法。（　　）

8. 在运用馈赠接近法时，礼品的价格越高越好。（　　）

9. 对一些年轻、资历浅的推销员而言，求教接近法是一个较好的方法。（　　）

10. 推销接近时，示范不是目的，让顾客购买产品、达成交易才是目的。（　　）

二、单选题

1. 约见首先要确定的是（　　）。

    A. 访问时间   B. 访问对象

    C. 访问地点   D. 访问事由

2. 用（　　）法需要及时用电话联系，以弥补反馈率低的缺陷。

    A. 委托约见   B. 当面约见

    C. 信函约见   D. 广告约见

3. 现代推销活动中最常用的约见方式是（　　）。

    A. 当面约见   B. 电话约见

    C. 广告约见   D. 信函约见

4. 最有效、最省力的接近顾客的方法是（　　）。

    A. 介绍接近法   B. 利益接近法

    C. 产品接近法   D. 求教接近法

5. 对一些年轻、资历浅的推销员而言，（　　）是一个较好的方法。

    A. 馈赠接近法   B. 求教接近法

    C. 赞美接近法   D. 问题接近法

6. 一般适用于服装的推销接近方法是（　　）。

    A. 产品接近法   B. 求教接近法

    C. 赞美接近法   D. 问题接近法

7. 用赞美接近法时应该注意的是（　　）。

    A. 赞美不应该是非清楚，爱憎分明

    B. 赞美不应该切合实际，要天马行空

    C. 赞美时应态度诚恳、语言真挚，使顾客感到心情舒畅

    D. 要克服推销的自卑与嫉妒心理，尽量赞美顾客，不要吝惜语言

8. 推销员可以不掌握的相关情报是（　　）。

    A. 掌握顾客情况   B. 熟悉本公司的情况

    C. 熟悉产品的情况   D. 熟悉竞争对手的情况

9. 约见的内容不包括（　　）。

    A. 确定约见顾客的个人资料   B. 确定访问对象

    C. 确定访问时间   D. 确定访问地点

推销实务（第2版）

091

10. 当面约见的优点是（　　）。

　　A. 简便易行，极其常见　　　　　　B. 可以委托第三者

　　C. 不受地域限制　　　　　　　　　D. 不容易引起误会

三、多选题

1. 约见的内容有（　　）。

　　A. 确定访问对象　　　　　　　　　B. 确定访问事由

　　C. 确定访问时间　　　　　　　　　D. 确定访问地点

2. （　　）是约见顾客的方法。

　　A. 广告约见法　　　　　　　　　　B. 委托约见法

　　C. 电话约见法　　　　　　　　　　D. 当面约见法

3. 接近顾客要注意的事项有（　　）。

　　A. 掌握有关情报　　　　　　　　　B. 积极使用推销辅助器材

　　C. 尽情赞美顾客　　　　　　　　　D. 选择适当的演示技巧

4. 介绍接近法包括（　　）。

　　A. 自我介绍法　　B. 他人引荐法　　C. 产品接近法　　D. 利益接近法

5. 推销接近的目的是（　　）。

　　A. 约见顾客

　　B. 吸引顾客注意

　　C. 引起顾客的初步兴趣

　　D. 在适当的时机转入实质性业务洽谈

四、自我训练题

设定某一产品，确定目标顾客，实施顾客约见和接近，并就实施过程进行分析和评价。

项目四

吸引顾客的眼球——和顾客洽谈

学习目标

了解推销洽谈中所包括的基本内容，掌握推销洽谈的整个步骤和其中所运用的方法，培养学生把推销洽谈技巧运用到实例中的能力。

导入案例

卖 梳 子

有4个推销木头梳子的推销员到庙里去推销梳子。

第一个推销员一把也没有销掉，因为和尚说光头要木梳无用。

第二个推销员销了十来把梳子，他不仅向和尚们介绍了梳子的基本功能是梳头发，而且介绍了利用木质梳子经常刮刮头皮，可以止痒、活血明目、清醒头脑、美容养颜，靠这第二个功能的介绍他销掉了十来把梳子。

第三个推销员到了庙里先仔细地观察了一番，发现众多香客叩完头后，头发有点乱，并且香灰掉到头发上也有点脏，于是他说服方丈在每个佛堂前放置一些便宜的木头梳子，让虔诚的香客们整理头发，以示寺庙对香客的重视和关心，以便招引更多香客拜访。靠这个理由他成功地销了几百把。

第四个推销员销了几千把，订单一大摞。他直接找方丈，说服方丈利用木头梳子作为回赠香客的礼物，同时建议方丈亲自在木头梳子两边刻上庙里的对联，这样木头梳子既可以作为香客纪念品，也可当作宣扬教化、积德行善之事。他通过讲述木头梳子一举两得的利益，说服该庙订购了大量梳子。

案例思考

（1）为什么4个不同的推销员推销同样的梳子，会出现四种截然不同的效果？他们分别是怎么做的？

（2）你从中得到了哪些启示？

任务一　推销洽谈的内容和步骤

推销新人小紫通过前期充分的准备和初步约见，已经和××公司相关负责人陈总建立了联系，并已谈成初步合作意向。接下来，她将要针对所要洽谈的具体项目细节和内容再次拜访该公司老总，详谈合作内容，这时候小紫犯愁了："这是我第一次接单，好紧张啊！到底我要如何和陈总谈呢？具体该谈合同的什么内容呢？"纠结了半天，她决定再次请教具有丰富推销经验的推销主管大雄……

一、推销洽谈的内容

1. 推销洽谈的定义

洽谈，就是指人们为了实现各自的利益，就涉及洽谈双方或多方共同关心的问题进行磋商，并谋求一致意见而进行的协商行为过程。

推销洽谈就是推销人员运用各种方式、方法、手段与策略说服顾客购买产品的过程，是推销人员向顾客传递推销信息并进行双向沟通的过程。

2. 推销洽谈的特点

（1）推销洽谈的内容是商品或服务的交易活动。

（2）推销洽谈的手段是说服，通过说服来调和买卖双方的利益，最终达成某种协议。

（3）推销洽谈具有互动性，是买卖双方共同参与的过程。

（4）推销洽谈是合作与冲突的统一，是原则性与灵活性的统一。

3. 推销洽谈遵循的原则

在推销洽谈过程中应遵循自愿性原则、有偿性原则、针对性原则、鼓动性原则、参与性原则、诚实性原则和倾听性原则。

讨论：你认为推销谈判最重要的原则是什么？

4. 推销洽谈的具体内容

案 例 4-1

某房地产公司的刘迪听说××公司的王科长近日有购房的打算，立刻去王科长的家里进行拜访。"王科长，听说您打算购置一栋住宅，不知是真是假？""是有这个打算。现在住房太挤，住着一点也不舒服。因此，我想另找住处！""我们公司现在有几栋房子，正准备出售，不知您有没有兴趣。质量和样式准能让您称心如意！"然后，刘迪带王科长去了公司房子所在地。他边走边介绍："这栋房子总价才××万元，这在市区内已经十分便宜了，您认为怎么样？""太贵了，太

推销实务（第2版）

贵了！""您等一下，我再和主管商量商量。"隔了一段时间，刘迪又回来对王科长说，"刚才，我和主管商量了一下。主管说，我们在××地也有一处类似的房子，样式和这差不多，周围环境也不差，而且价格适合您的要求，您觉得怎样？""那去看看吧！"当王科长看了××地的房子以后，感觉还可以，于是就和刘迪签了一订购单。签单之后，刘迪又适宜地补充了一句："我们公司设计的房子有配套的装修服务，如果需要请联系我们。"不知后来王科长是否又购买了刘迪的装修材料，但不管怎样，刘迪的推销是成功的。

课堂随笔

案例分析

想顾客之所想，忧顾客之所忧，为顾客解决难题，这样的推销员才能让顾客喜欢。如果推销员不能把握顾客的要求，那肯定不会拿到订单，要想成功拿到顾客订单，就必须为顾客着想，从顾客的需求出发。

一次成功推销的实现，是需要经过精心的准备和设计的。推销洽谈的内容十分广泛，它会因洽谈的时间、地点、条件、对象、目的的不同而不同。但是，任何推销洽谈都是为了解决顾客异议，以推销商品。所以，洽谈的内容应在推销商品的基础上，围绕顾客所关心的问题来确定。

对于一个推销新人来说，每一次推销洽谈的具体内容到底是什么呢？一般来说，推销洽谈的具体内容包括各种关键事项（或交易条款），还包括推销品或服务的品名、特性、价格及收/发货等事项，主要可以归纳为以下几部分。

（1）商品。商品包括商品本身及其规格、性能、款式、质量等，都是顾客最关心的内容。对于个体顾客和生产者顾客来说，购买商品的目的就是要得到一定的使用价值，满足其生活消费和生产消费的需要。对于中间商来说，购买商品的目的是转卖，满足其实现盈利的需要。不管是中间商还是最终顾客，他们每个人所关心的产品的侧重点和要求都不相同。对于个体顾客和生产者顾客而言，推销人员在介绍和洽谈时应以商品的适用性为重点；对中间商来说，应着重介绍商品的市场前景。

（2）价格。价格是推销洽谈中最敏感的问题，因为它涉及买卖双方的利益。推销人员应该认识到，价格并非越低越好，价格低的商品不一定畅销，价格高的商品也不一定没有销路。因为任何顾客对商品价格都有自己的理解，顾客对价格有时斤斤计较，有时又不十分敏感，主要取决于顾客需求的迫切程度、需求层次、支付能力和消费心理等。

（3）服务。服务是营销中不可或缺的一个环节，推销人员要将自己公司所承诺的服务范围准确、真实地传递给顾客，告知消费者彼此之间的权责范围，以免产生不必要的麻烦。

销售服务的内容一般包括送货时间、送货方式、送货地点等,向顾客承诺提供零配件、工具、维修、技术咨询和培训服务,保修期限的免费安装、维修、退换、养护、保养等方面的服务等。

（4）结算条件。在洽谈方案中,结算问题必须先明确,包括结算的方式和时间。双方应本着互利互惠、互相谅解、讲求信誉的原则进行磋商。洽谈中要确定的主要内容有采用现款还是采用本票、汇票、支票方式支付;是一次付清、延期一次付清,还是分期付清（若为分期付清,还要确定每次付款的时间和数额）;在付款时间方面,是提前预付、货到即付还是其他方式。

（5）保证条款。保证条款是指在交易过程中,买卖双方对买进、售出的商品要承担某种义务和责任,以保证双方利益的担保手段。这种协议实质上也是为了进一步明确双方在交易中的权利和义务。它是一种担保措施,也是解决纠纷的办法。

案例 4-2

A蔬菜公司长期为B超市提供蔬菜,合同规定A蔬菜公司出售给B超市的蔬菜必须保证每批的损坏腐败率不超过总量的2%。结果某次因为经历了一段阴雨连绵的潮湿天气,A蔬菜公司为B超市提供的一批蔬菜的损坏腐败率达到了5%。

案例分析

在这种情况下,B超市可否拒收这批蔬菜?理由是什么?

课堂随笔

二、推销洽谈的步骤

在目前的推销洽谈实务理论中流行着两种理论。一种是"步骤三阶段论",它把推销洽谈分为洽谈准备、洽谈导入和正式洽谈3个阶段。另一种是"步骤六阶段论",它把洽谈过程分为导入、概说、明示、交锋、妥协和协议6个阶段。这里把推销洽谈的步骤归结为前期准备、开局、产品介绍、报价和磋商（讨价还价）5个阶段,如图4-1所示。但不管是几阶段论,推销洽谈的制胜关键都是进行充分的前期准备,商场如战场,不可打无准备之战。

前期准备 → 开局 → 产品介绍 → 报价 → 磋商（讨价还价）

图4-1 推销洽谈的步骤

1．前期准备

前期准备工作做得越充分、越好，推销人员在洽谈中越能灵活应变。首先要制订洽谈目标。

第一级目标，即最低目标，是洽谈的最低界限。

第二级目标，是期望实现的目标。

第三级目标，本次洽谈确定的最高目标。

案例 4-3

推销新人小紫准备去和××公司相关负责人陈总进行正式洽谈了，她请教具有丰富推销经验的推销主管大雄："去之前，我需要准备什么呢？"大雄主管耐心而细致地指导了小紫在出发前要做好的准备工作。

（1）收集情报，充分了解顾客：了解顾客的基本情况，明确顾客的需要，熟悉产品和服务。

（2）制订洽谈计划：明确洽谈目的，洽谈要点，洽谈的预期评价。

（3）做好洽谈的心理和物质准备：自信，诚恳，谈吐自然、风趣，仪表整洁、大方，仔细检点推销用品。

（4）大宗业务推销洽谈的地点选择及模拟洽谈：选择好洽谈的地点，可以是己方场所、对方场所、第三方场所；洽谈现场的布置与座位安排，包括洽谈室的布置、休息室的准备、双方洽谈人员座位的安排；模拟洽谈，可以是即兴讨论会或小组剧。

课堂随笔

案例分析

这个案例说明，推销员在洽谈前一定要做好充分准备，这是实现成功洽谈的第一步。

2．开局

做完前期的准备工作，推销洽谈进入开局阶段。

在这一阶段，推销人员主要有两个目标，即创造良好的洽谈气氛和判断对方的目标。如何在开局阶段创造良好的洽谈气氛，在该过程中需要用到哪些技巧将在后面的章节中详细介绍。判断对方的洽谈目标时一定要做到会察言观色，通过进行有效的试探性提问，来准确地判断对方目标，为后面有针对性地进行产品介绍和后期进行讨价还价的磋商打下良好的基础。

3．产品介绍

成功的产品推介是公司推销人员的入门必修课，也是最基础的技能，包括产品及其规格、花色、品种的介绍。

（1）产品介绍就是要挖掘并能正确理解顾客需求。在完全、清楚地识别及证实顾客的明确需求之前，请不要推荐自己的产品。

在推荐产品时要注意以下几点：挖掘顾客需求的关键是提出高质量的问题，介绍产品的时机，介绍产品的步骤，表示了解顾客的需求，有重点地介绍产品的特性、优点和特殊利益，确定顾客是否认同。

知识链接

费比（FABE）模式

费比模式，本质是一种利益销售法，就是在提炼出产品的某些显著特征后，分析这一特征所体现的优点，找出这一优点能够给客户带来的利益，最后提出证据，证实该商品确实能给客户带来这些利益，从而实现产品的销售诉求。

费比模式中的产品知识着眼点如表4-1所示。

表4-1 费比模式中的产品知识着眼点

基本着眼点	款式、色彩、感觉、流行性、受欢迎程度、顾客评价、包装、商标、促销活动、附赠礼品、售后服务
次要着眼点	设计思想、开发意图、材料、零配件、技术和专利、性能、用途、安全性、可靠性、操作性、便利性、经济性、价格、折旧率
其他着眼点	广告宣传、销售业绩、普及率、市场覆盖率

费比模式的基本逻辑思路如下。

F：因为……（特色）

A：这会使得……（优点）

B：那也就能给您带来……（利益）

E：您看……（见证）

案例 4-4

推销员：这种床垫内部采用袋装弹簧，根据人体工学原理排列组合，可分别承受压力。同时有效预防弹簧间的摩擦，能有效承载人体重力，令脊柱保持自然，确保睡眠安稳舒适。经专家检测，袋装弹簧的分解压力性能明显好于普通弹簧，并且能使全身肌肉得到充分放松，您看，这是检测证书。

案例分析

请分别指出案例中提到的F、A、B、E。

课堂随笔

（2）介绍产品的方法。推销洽谈中介绍产品的方法可以归纳为以下几种：直接讲解法、举例说明法、借助名人法（如这是明星××代言的产品，质量一定不错）、产品演示法、展示解说法、文图展示法、资料证明法和强调产品的性价比法（如××品牌和我们一样性能的产品要100元/件，我们只要60元，性价比较高）等。当然这些方法和技巧在每次推销洽谈中可以选择一种或多种联合使用，需要具体情况具体分析。

【情景体验】

假如你是一位化妆品公司推销员，请向同学推销一款基础护肤品。（请同学演示）

资料：该公司一款新推出的保湿面霜。

① 净含量100克；② 纯天然成分，零添加；③ 保湿效果良好；④ 价格适中，中档价位。

请同学思考：你该如何介绍自己的产品？

4．报价

案例4-5

小芬逛街时进了路边一家服装店，看上了一件做工不错的红色羽绒服，感觉质量不错，也挺喜欢，于是问店老板："这件羽绒服多少钱？"店老板一边取下羽绒服，一边微笑着顺手递给她："美女，您真有眼光，您愿意出多少钱呢？要不您先试穿一下，买不买没关系。"

课堂随笔

案例分析

店老板为什么要让小芬先报价？如果你是小芬，你将如何应对？

当客户对产品没有其他方面的疑问时，议价就成为双方洽谈的焦点。好的议价报价可起到至关重要的作用。价格是利益的交会点，价格的高低决定了推销活动是盈利还是亏损。开展关于价格的洽谈，推销人员必须采取恰当的策略。

（1）削弱顾客对价格的敏感反应。

① 特别强调推销品的功能和优点，或者强调推销品的复杂和高级，使价格显得微不足道。例如，瞧瞧这工艺，做得多精细啊，贵点也正常嘛！

② 强调企业的信誉、推销品的声誉，使顾客心甘情愿地接受开价。例如，我们这可是有中国驰名商标的质量信得过产品，价格嘛，自然贵点。

③ 强调双方的密切关系，减小价格阻力。例如，您是我邻居的朋友，价格什么的一切好商量。

④ 强调推销品的高附加值或高投资报酬率，使价格不受重视。例如，现在买一套房

子可是附赠整套精装修啊，无比划算，赶快下手买啊，不然就没了。

⑤ 在其他次要问题上表现慷慨大方，转移顾客对价格的敏感反应。

⑥ 利用心理因素，报价时报一个非整数价格，使顾客对所报价格产生信任感和便宜感。例如，利用定价过程中的尾数定价法将价格定为 9.8 元 / 件。

（2）影响报价的最重要因素是产品成本。任何报价，成本价是底线，只有高于成本价，才有企业利润可言。正常的报价都要在成本价上预留一定的利润空间。成本价指企业取得存货的入账价值，包括原材料、人力、物流等直接或间接的成本。

（3）报价的原则和技巧。开盘价必须是"最高价"，留有余地；开盘价必须合乎情理，使价格看起来不高。

在报价时要注意以下事项。

① 报价应该坚定、明确、完整，报出全部价格（商品价格 + 费用），不能含混不清。

② 对报价应该认真倾听、归纳和总结，并力争复述。

③ 不急于让价，如有需要，可对顾客就价格的构成、报价的依据、计算的基础及方式等做出详细解释。

④ 要求顾客降低其要价或提出他们自己的报价。

【情景体验】

假如你是一位计算机推销员，正在销售一款中档配置的主流笔记本计算机，价格底线是 3 600 元。（请同学模拟演示）

资料：

（1）一个背着电脑包，戴着近视眼镜的二十多岁的年轻人慢悠悠地踱过来，手里拿着一份最新的《电脑报》。

（2）一位四十多岁全身名牌的老板模样的男子行色匆匆地快步走过来。

（3）朋友介绍来的某管理咨询公司的行政部经理，需要为公司采购一批计算机。

请同学思考：在和以上顾客洽谈时你会如何报价？简述理由。

5. 磋商

磋商又称讨价还价，是指推销洽谈双方为了实现各自的利益，寻求利益的共同点，就商品交易过程中的各种条件进行商讨、辩论的过程。讨价还价时可借鉴以下方法和技巧。

（1）每次和顾客进行价格谈判时都不做无谓的让步。

(2) 在重要的问题上力求顾客先让步。

(3) 不要承诺做同等程度的让步。

(4) 对于已做出的考虑欠周的让步，不要不好意思收回。

(5) 一次让步幅度不宜太大，节奏也不宜太快，要让顾客感觉到让步不是轻而易举的事情。

(6) 先针对次要问题让步。

任务小结

通过推销主管大雄的耐心讲解，小紫除明白了要完成一项完整的推销洽谈任务，先要了解推销洽谈的基本特点和原则，熟悉掌握推销洽谈的各项内容外，还知道了完成一项完整的推销洽谈要经历前期准备、开局、产品介绍、报价和磋商（讨价还价）这五个重要步骤。这些前期知识的积累为她后面的实际操作打下了良好的基础。

课堂活动

活动一　角色模拟演练

1. 活动目的

通过演练，让学生了解洽谈的几个步骤，并掌握推销洽谈的一些技巧，同时对推销洽谈团队的构建、组织分工等有一定认识。

2. 活动内容和步骤

演练方式：组队，自行安排买卖双方扮演者，轮流进行价格洽谈，时间控制在35～45分钟，双方洽谈人员数目以人数较少的团队全体成员数为准。买方以达成交易且价低者获胜，而卖方以价高者获胜。

背景材料：

（买方）毕业班——打算在期末考试前旅游，筹备时间很短，只有两周。旅游时间为7天，住四星级宾馆（也可接受一两天三星级宾馆），提供三餐，门票及小费包含在预算中，经费预算为每人2 000元，全班共计80 000元，预算不足时可以提高至每人2 500元，但总预算不得超过100 000元，否则会因负担太重而放弃这次活动。

（卖方）旅行社——生意清淡，到学校兜揽生意。提供的旅游方案为：旅游时间为7天，住四星级宾馆（四星级宾馆议价空间小，利润低），提供三餐，门票及小费包含在预算中，经费预算为每人3 000元，总预算为120 000元，但最低成交价不得低于88 000元，否则无法获得合理利润。

推销人员在洽谈中的主要洽谈内容包括价格、质量、销售服务、结算条件（包括结算的方式和时间）、其他保证性条款。

（1）卖方学生按照授课教师的要求，精心写好一份推销介绍词；买方同学做出购买计划，然后利用课余时间，反复演练，达到内容熟练、神情自然。

（2）安排课堂时间让学生上讲台进行买卖双方的竞价谈判，时间为 35～45 分钟，双方洽谈人员数目以人数较少的团队全体成员数为准。买方以达成交易且价低者获胜，而卖方以价高者获胜。

（3）任课教师根据两个小组的总体表现先给出小组总体分，组织评选出优胜组；然后要求每小组同学推荐出小组成员中的表现突出者，评出个人优胜者。

活动二　情景讨论

1. 活动目的

通过活动，让学生了解推销洽谈活动的前期准备工作、洽谈团队的组建及洽谈计划的制订等知识内容。

2. 活动内容和步骤

问题：假如你是一家计算机公司的推销人员，与某大公司要进行一场推销洽谈活动，对方欲购买 100 台计算机。你需要做哪些组织工作？

（1）教师布置讨论任务，要求学生进行课前思考和前期的资料收集。

（2）进行课堂分组讨论，要求每组派一名代表在全班交流。分享案例分析结果，用时 10～20 分钟。

（3）要求每组在课后进行总结，并提交一份组织工作计划表（以书面形式呈现，可采用 Word 文档或 Excel 表格形式，注意分项分点阐述）。

（4）任课教师对各组的交流结果做出评价和指导，并组织评选出优胜组。

任务二　推销洽谈的方法

小蓝经过一段时间的客户拜访，已经与几家公司进行了洽谈。可是，他经常不是被别人婉拒就是直接碰一鼻子灰回来。今天小蓝又沮丧地回到了公司，推销经理佳敏微笑着询问："怎么了？碰到什么没法解决的困难了吗？"小蓝看到佳敏就像看到了一丝曙光，立马请教起来："为什么我做了那么多细致的前期准备工作，可每次直接和客户见面后总是无法继续下去呢？是不是我的交谈方式有问题啊？我该用什么办法让客户听我说下去呀？"这时候佳敏坐下来仔细询问了小蓝的拜访经历，并替他分析了起来……

一条街上有三家水果店。一天有一位大婶来到第一家店里，问："有葡萄卖吗？"店主一看有客，立马笑脸相迎："大婶，这是我们新到的葡萄，又大又甜，新鲜得很。"没想到大婶一扭头走了。大婶接着来到第二家水果店问同样的问题："有葡萄卖吗？""我这的葡萄有酸的、有甜的，大婶，您喜欢哪种口味的？"店主回答。"我想买酸的。"于是大婶买了一斤酸葡萄回家了。

第二天，大婶来到第三家水果店，也在这家要了一斤酸葡萄。这时候店主就边称葡萄边和大婶聊起来："大家都爱吃甜的，为啥您买酸的呀？"大婶回答："哎，媳妇怀孕就爱吃酸的。""哎呀，恭喜啊，您快抱孙子了，有您这样疼媳妇的婆婆真是她的福气呀！""哪里哪里，怀孕了吃好很重要！""是啊，营养很重要，维生素补充也很重要。""那，你这哪种水果的维生素比较丰富啊？""猕猴桃啊，维生素C很丰富。""是啊，听说过，那你这卖猕猴桃吗？""有啊，进口的猕猴桃，品质好，味道好，维生素丰富，最适合孕妇和小宝宝吃了，呵呵。"于是大婶不仅买了一斤葡萄，还买了一斤进口猕猴桃，而且以后隔三岔五就会到这家小店买各种水果。

课堂随笔

三家水果店店主的销售效果为什么会出现这么大的差别？三家店主的说话技巧给了你什么样的启示？

一、提示洽谈法

提示洽谈法，是指推销人员在推销洽谈中利用语言的形式启发、诱导顾客购买推销品的方法。不同的营销场景用不同的提示方法会产生不同的营销效果。

1．直接提示法

直接提示法是指推销人员直接向顾客展示推销品的优点，劝说其购买的洽谈方法。

使用直接提示法应该注意两点：

（1）突出推销重点；

（2）内容真实可靠，易于被顾客理解和接受。

请看一位推销员在推销一种试用剂时对顾客的提示："听说你们在寻找一种反应速度更快的试用剂。我们公司新近开发了一种新的试剂产品，它能将反应的速度提高5-6倍，这是这种试剂的实验报告。您看看，一定会达到您的要求。如果您满意，请

课堂随笔

快点订货。不然的话，因为订货太多，就难以保证交货期了。"

案例分析

案例中的推销员是如何诱导顾客购买的？他用了什么方法？这样做有什么好处？

2．间接提示法

间接提示法是指推销人员间接地劝说顾客购买推销品的洽谈方法。这种方法可以有效地排除面谈压力，避重就轻，制造有利的面谈气氛。

使用间接提示法的时候应该选准时机，选准顾客，语言要含蓄婉转。

3．明星提示法

明星提示法又称名人提示法或威望提示法，是指推销人员利用顾客对名人的崇拜心理，借助名人的声望来说服顾客购买推销品的洽谈方法。

案例 4-8

一直以来，鹿晗凭借超高的人气及健康积极的正能量形象深受各大品牌青睐，曾有网友对鹿晗代言的品牌数据进行过分析并发现，仅可口可乐、佳能、OfO、欧舒丹 4 个品牌，其官方微博官宣代言的单条微博转发量就高达 14 万次，覆盖 2.2 亿中国网友。其中，佳能官宣的单条微博更是得到了 5.6 万余次的有效转发，覆盖人数高达 1 亿余人！鹿晗与品牌的强强联合，不仅实现了品牌的多围覆盖及传播，更是通过鹿晗自身强大的影响力，为品牌带来巨大的商业价值与大众关注度。据悉，鹿晗与联想合作的"小新笔记本"为其带来了近 200% 的销量增长，与卡地亚合作的"钉义自己"项目中，销售数据创历年新高。印证了"鹿晗效应"的名不虚传。

课堂随笔

案例分析

明星代言，引爆了粉丝经济，玩转粉丝营销，明星效应是品牌推广中长盛不衰的妙招，一次好的代言，可以带来短期乃至中长期的市场扩大与销售增长。在产品推销时使用明星代言，常常会事半功倍。

运用明星提示法时需要注意几个问题：

（1）所提示明星必须有较高的知名度、美誉度，并被顾客所知、所接受；

（2）所提示明星应与推销品有内在的联系；

（3）所提示明星与推销品之间的关系必须真实。

4．联想提示法

联想提示法是指推销人员通过提示事实，描述某些情景，使顾客产生某种联想，刺激顾客购买欲望的推销洽谈方法。

使用联想提示法的时候应该注意：

（1）举止、表情要有助于顾客产生联想；

（2）语言要有感染力，有助于引导顾客产生联想；

（3）语言必须真实、贴切、可信。

练一练

请指出下面几种情况属于哪种提示洽谈法

A. 直接提示法　　B. 间接提示法　　C. 明星提示法　　D. 联想提示法

（　　）1. 推销人员向顾客介绍推销品后，提示说："如果您在五月底以前购买我的产品，不仅能得到 5% 的价格优惠，还能享受到免费的产品升级服务及最新研制的样品试用。"

（　　）2. 我们的沐浴露绝对不会有洗不干净的感觉，它是由百分之百植物成分制成，配合海藻植物净化元素，洗后肌肤清爽，还有淡淡的香味呢！

（　　）3. 一个冷冻设备的推销员指着太阳，对食品店老板说："今年春天来得真早，天气够暖和的，听气象台预报今年将是一个酷夏！如果您今天做出决定，我们可以在 5 月 1 日以前把冷冻设备装好。您的冷库面积有多大？"

（　　）4. 汽车推销员小心翼翼地关上车门，顾客会觉得车门不结实。

（　　）5. 天津飞鸽自行车厂向正在访华的美国前总统布什夫妇赠送两辆自行车，经新闻媒体充分报道后，飞鸽自行车顺利进入美国市场。

二、演示洽谈法

【情景体验】

请同学模拟以下情景。

道具：××品牌洗衣液（塑料盆 2 个、水、洗衣粉、酚酞）

这是××品牌洗衣液，它的核心成分是无患子。无患子是一味中草药，在古代有人得了皮肤病就用无患果煮水，擦洗患处，皮肤病就好了。从此，人们把这种树叫无患树，果叫无患果，叶叫无患叶，子叫无患子。在《中药大辞典》里有如下临床报道：无患子可以治疗滴虫性阴道炎，就是用去皮的无患子煮水灌洗患处，一天一次，7～10 天为一个疗程。科学家做过这样一个调查，10 个患者经过一个疗程后全部痊愈，5 个患者从未复发，1 个患者两个月后复发，再进行此法治疗仍然有效，并且经过再治疗后没有复发，可见无患子具有杀虫灭菌的作用。

演示过程：那您是不是也希望拥有一款这样好的洗衣液呢？既能去污渍、去油渍，又能杀虫、灭菌、消炎、消毒；用它洗出来的衣服，白的更白，艳的更艳，软的更软，而且是安全的、天然的。您希不希望拥有这么一款好的洗衣液呢？

a. 绝大部分人是用洗衣粉洗衣物，我先一边倒上我们的洗衣液，一边倒上洗衣粉。

b.（做一个模拟洗衣服的动作）我们都喜欢穿棉质的衣服，现在我们分别放两块面纱，一块用××牌洗衣液洗，另一块用洗衣粉洗。（先模拟洗衣服，再模拟过水，最后甩干）大家认为现在衣服洗干净了吗？

c. 我们用酚酞试剂来检测一下，看看这里面有没有伤害我们皮肤的成分。酚酞是一种化学试剂，遇酸不变色，遇碱变红色。我们现在往这两个盆子里分别滴上酚酞试剂，看！用洗衣粉的盆子中变红了！这个红色说明它的碱严重超标，这个碱破坏了锁住我们皮肤水分的屏障，从而造成水分流失和细菌侵入。

我们都知道洗衣粉是含磷的，磷污染江河湖海，破坏水质，刺激藻类大量生长，从而造成鱼类因缺氧而死亡。我们穿含磷的衣服，磷会进入我们体内，置换体内的钙，从而造成体内的钙流失。使用洗衣粉时也会多浪费水电。××牌洗衣液是超浓缩的，一盖洗衣液可以洗20千克的干衣服。三口之家，这瓶洗衣液可以用一年。

结束语：无知的消费是浪费，聪明的您应该会做一个明智的选择吧。谢谢！

请同学思考：这个案例中用到了什么样的演示方法？怎么使用的？

演示洽谈法又称直观示范法，是推销人员运用非语言的形式，通过实际操作推销品或辅助物品，让顾客通过视觉、听觉、味觉、嗅觉和触觉直接感受推销品信息，最终促使顾客购买商品的洽谈方法。有表演演示，文字、图片演示，音响、影视演示法等。其中表演演示又包括产品演示、证明演示、顾客亲自操作演示等。表演演示是最基本的演示洽谈方法。

1. 产品演示法

例如，推销人员为吸引顾客把吸尘器启动，吸扫地上的瓜子皮、灰尘等，这是产品演示法。使用产品演示法的时候要注意几个问题：

（1）操作一定要熟练，速度适当；

（2）一定要向客户投其所好；

（3）操作要突出重点，如突出产品的用途、功效等。

2. 证明演示法

例如，推销塑料盆的推销人员高高举起盆向地上摔去，这是证明演示法。使用证明演示法的时候要注意几个问题：

（1）准备充分的证明资料；

（2）演示的资料必须真实可靠；

（3）演示的时候要选择恰当的时机。

3．文字、图片演示法

文字、图片演示法是指推销人员通过演示有关推销品的文字、图片资料来劝说顾客购买商品的洽谈方法。比如，推销不锈钢器皿的推销人员从包里拿出产品的说明书、价目表、质检证书等资料。

4．音响、影视演示法

音响、影视演示法是指推销人员利用音频、视频等现代工具进行演示，劝说顾客购买商品的洽谈方法。比如，某化妆品公司的推销人员在洽谈时向客户播放其拍摄的化妆系列讲座等。

任务小结

在推销经理佳敏细心的分析和指导下，小蓝终于知道在和客户的推销洽谈中，只做细致的前期准备工作是远远不够的，无论选择什么样的提示方法（直接提示法、间接提示法、明星提示法、联想提示法）和演示方法（表演演示法、文字演示法、图片演示法和音响、影视演示法）都会直接影响洽谈的进程和结果，这些方法的正确采用和巧妙运用都是至关重要的。

课堂活动

活动一　分析案例，深入探讨推销洽谈的运用方法

1．活动目的

学会运用推销洽谈的方法。

2．活动内容和步骤

（1）阅读以下案例。

安利销售女孩的独到推销技巧

周日的下午两点左右，我正在挑选一本营销书籍，这时一个30岁左右的女子出现并坐在我旁边。她先是翻阅一本书，然后伸出胳膊经过我面前，又从书架上取下一本书，我不经意地一抬头，正好与她四目相对，她笑着说："您也是做销售的吧？"

"是的。"我随意地应和着。

"我也是做销售的，您是做什么产品的？"她又问了一句。

"欧派橱柜。"我边翻书边回答。

"听说过，很有名气的，真羡慕你们，我是做安利产品的，听说过吗？"她的话逐渐多起来。

"听说过，但不是很了解。"我应和着。

"安利是全球最大的直销产品企业，每年在全国销售几百个亿（元）。做销售很累呀，估计你们也是吧？"她开始转移话题。

"可不是嘛，每天都要思考和处理很多问题。"我们开始找到了共同语言。

"所以呀，天天在外面奔波一定要注意身体哦，你们要洽谈生意肯定吸烟吧？"她开始关心我了。

"吸烟是必不可少的，是沟通和解压的一种方式嘛。"我深有体会地说。

"烟中含有苯和焦油，还有多种放射性致癌物质，90%的肺癌患者是因为吸烟引起的。吸烟还能引发口腔癌和喉癌等，所以您最好戒掉。"

我心里一颤，呵呵地笑了一下，也是在感谢她的好意。

"我以前一个同事就是吸烟过度引起身体不适的。既然吸烟，肯定也很能喝酒吧？"她笑着又转了一个话题。

"您看呢？"我反问了一句。

"我估计您至少能喝一斤白酒。"她笑了笑。

"没有那么多，一般而已。"我也笑了笑。

"经常喝酒会使脂肪堆积在肝脏引起脂肪肝，还会引起胃出血而危及生命。俗话说'抽烟伤肺，喝酒伤胃'嘛，所以您一定要注意了！"说得我心里有一种恐惧感，但也暖暖的。

"对了，安利纽崔莱有几种产品对胃和肺有一定的保养作用，尤其是针对长期吸烟和喝酒的人，您可以先了解一下。"她边说边递给我一张关于纽崔莱的产品说明书，然后轻声给我介绍。

"您不是想向我推销保健品吧？"我笑道。

"不是的，我是发现您脸色不太好，所以才向您介绍的。哦，这是我的名片。"她顺手递给我一张名片。

"我脸色哪里不好？"我好奇地问道。

"这也是我根据长期的经验看出的，呵呵，哎呀（她看了一下手机），真不好意思，我马上要给一个客户去送货，比较急。这样吧，名片上有我的联系电话和公司地址，明天晚上有一场相关的健康讲座，还有两位销售培训教师来上课，我们可以相互交流一下，毕竟都是朋友嘛，好不好？"她脸上流露出急切而真诚的表情。

"哦，好吧。"

"您看，我们的地址是××路××号，就在附近，这是我的电话，您直接打就可以了。把您的电话留给我吧，我派人在附近接您。"她掏出纸和笔递给我。

我随手留下了电话。

"我先走了，真的不好意思，明天见。"她边说边离开了。

（2）请分析这个安利销售女孩在推销中运用了哪些推销洽谈方法。

（案例分析提示：可从人群细分、市场定位、接触方式、逐步引导、迅速拉近、关心客户、留下悬念等角度进行分析。）

（3）分组，请小组成员讨论并分享对案例的分析结果。

（4）各组选派一名代表在全班分享案例分析结果。

（5）任课教师对各组的交流结果做出评价和指导，并组织评选出优胜组。

活动二　设计一款玉兰油OLAY轻透倍护隔离防晒液的演示方法

1. 活动目的：

通过活动，掌握演示洽谈法的类型，并能独立设计产品的演示方法与步骤。

2. 活动内容和步骤

（1）道具准备：演示瓶2个、OLAY轻透倍护隔离防晒液一瓶、其他Y牌防晒乳一瓶、清水一瓶、湿纸巾一包。

（2）产品资料介绍。

① OLAY轻透倍护隔离防晒液产品特征：首个"水油两相分离"配方。

② OLAY轻透倍护隔离防晒液产品优点：轻薄不油腻，肌肤自由"呼吸"。

③ OLAY轻透倍护隔离防晒液产品功效：有效阻隔室内外10大UV光线（日光灯、氙气灯、水银灯、白炽灯、卤素灯、人工日光浴场灯、阳光UVA/UVB、紫外线灯、荧光灯、影印机灯)。

④产品名称、规格和价格信息如表4-2所示。

表4-2　产品名称、规格和价格信息

产品名称	产品规格（ml）	产品价格（元）	单位价格（元/ml）
Y牌防晒乳SPF50+PA+++	30	140	4.67
OLAY轻透倍护隔离防晒液SPF50 PA+++	40	150	3.75

⑤ 玉兰油（OLAY）品牌故事：OLAY是一款真正因爱而生的产品，是一个男人为他的妻子创立的。今天，OLAY是世界上最知名的品牌之一，基本理念却始终未变：帮助广大女性打造美丽观感。这才是OLAY成功的强大秘诀。

（3）要求学生分组演示开场白（如，今天很荣幸地向大家推荐一款……）

（4）产品特色介绍和演示。

（提示：注意分点进行产品对比。并可利用道具，进行试验，加强说服力）

（5）结束语（如，玉兰油，因爱而生；有比较才有鉴别，眼见为实，相信明智的您会做出明智的选择!），总结并加强产品号召宣传力，吸引消费者购买。

（6）每组用时10分钟。

（7）结合表4-3进行打分，评出优胜者。

表4-3 学生产品演示评分表

评价内容	分 值	评 分 标 准	得 分
介绍产品时的神态、举止	20	声音大小、热情展示、面带微笑、站姿、肢体语言、语言表达、服装得体	
产品特色介绍和演示过程	70	① 开场白引入（10分）； ② 产品特色介绍（分点对比阐述）（40分）； ③ 产品演示试验操作（20分）	
时间掌控	10	时间为10分钟，不足或超时均扣分	

任务三　推销洽谈的技巧

　　小紫和小蓝经过一段时间的磨炼，已经积累了一定的推销洽谈经验了。这一天，他俩在例会上碰头了，小紫对小蓝说："我们把这段时间推销时碰到的挫折和经验总结和交流一下吧，互相促进，再请大雄主管和佳敏经理帮我们指正，给点意见和指导，你觉得怎么样啊？"小蓝立刻高兴地同意了，他们俩邀请了大雄主管和佳敏经理一起参加了他们的推销洽谈技巧交流会……

案例 4-9

　　一对热恋中的恋人相约在百货公司门口碰面，女孩子因为有事耽搁，打电话告诉男孩子会迟到半个小时。为了消磨时间，男孩子来到一楼的化妆品柜台，他对化妆品不是很在行，对口红有一点点概念，于是有了下面这段精彩场景。

　　他走到商店卖口红的专柜前面，向导购小姐问道："我看一下口红。请问这支口红多少钱？"专柜小姐说："60元。你要买哪一种颜色的口红？""不知道，等我的女朋友来了问她好了！"专柜小姐说："先生，不对吧！口红的颜色应该由你来决定呀！是不是要买口红给你的女朋友？是不是你要出钱？""当然了！"男孩子说。"你是不是希望你的女朋友搽给你看？""对呀！"专柜小姐的话说中了男孩子的心，于是他一口气买下了10支口红。

课堂随笔

案例分析

　　有些时候，建议者一定要站在另一种角度上给予决定者思考的空间，不仅是"推"的步骤，也要给予"拉"的步骤。

　　推销洽谈的技巧多种多样，巧妙运用推销洽谈技巧可以起到事半功倍的作用，能够顺

推销实务（第2版）

利化解僵局，最终使双方达成一致。

一、建立和谐的洽谈气氛

要想使推销洽谈成功，说服顾客买自己的产品，首先要创造一个和谐的洽谈气氛，使洽谈在轻松自如、诚挚合作的气氛中进行。所以，构建一个舒适的购买环境和氛围是十分重要的外在和前提条件。

洽谈气氛的形成，受洽谈双方见面之前的预先接触、洽谈中的沟通，以及洽谈开局最初几分钟发生的事情的影响。开局最初几分钟是决定洽谈气氛的关键阶段，所以一般来讲，洽谈气氛是在开局前几分钟形成的，而且一经形成，便不易改变。这种气氛奠定了洽谈的基础。

推销人员要发挥主观能动性，积极努力地创造和谐的洽谈气氛。这种气氛应该是诚挚、合作、轻松、认真和富有创造性的。

为此，推销人员应注意以下几个方面的问题。

（1）注重仪表。

（2）举止谈吐讲究礼节。

（3）讲好开场白。

小笑话

小林的尴尬

小林是一位新推销员，刚刚入行不久。一次他要约见一位重要客户，可是刚好前一天晚上一个好朋友结婚，他多喝了几杯，结果第二天因为时间来不及，小林衣服也没换就去见客户了，结果客户刚好是位女士。一见面，客户就皱紧眉头对小林说："不好意思哦，我今天有点事，改天再约吧。"然后匆匆离去，留下小林一头雾水地站在原地，不知所以。后来回公司和同事讲了这事，同事大笑，拍拍小林说道："你满身酒味，胡子拉碴，人家女客户怎么会见嘛！"原来如此，小林终于明白了，只好不好意思地在那儿摸头。从此以后，小林每次见客户前总会好好地整理一下，保持最佳状态约见客户，而他的客户约见成功率也大大提高了。

二、推销洽谈的开谈技巧

开谈入题一定要做到自然、轻松、适时。推销人员在与顾客讲开场白时，应顺理成章，自然地将闲谈转入正题，这是决定顾客买还是不买的重要铺垫。如图4-2所示是一个形象的顾客购买与否的天平。

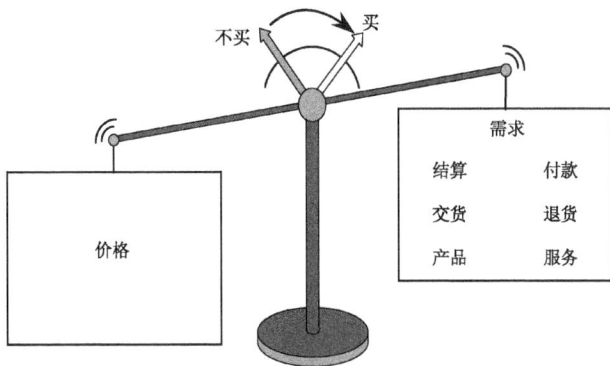

图4-2 顾客购买与否的天平

1. 开谈时可以从以下几个方面入题

（1）以关心的方式入题。例如，听说您最近添了个小孙子，觉得家里地方太小，准备换房子了？

（2）以赞誉的方式入题。通过称赞顾客或顾客的东西，获得顾客的好感，然后转入正题。例如，对一个爱宠物的客户，可以从赞扬他的宠物开始入题，这样可以消除对方的戒心，发掘共同语言，以便继续交谈下去。

（3）以请教的方式入题，然后适时转入正题。例如，听说您是××方面的专家，我有一些问题老早就想找机会请教您了，今天终于有机会了……

（4）以炫耀的方式入题。

（5）以消极的方式入题。

2. 示范是入题的一种重要方法

示范是引起顾客对产品产生兴趣的一种最好的方法，产品越复杂，技术性能要求越高，就越有必要通过示范使其具体化、形象化。

手机、计算机等电子产品的推销常采用产品直接示范和体验的方式开谈入题。

三、报价的技巧

前面已经讲过报价议价是推销洽谈中非常重要的基本内容之一，所以报价技巧的掌握成了推销员在谈判中取得制胜关键的一个重要环节。

推销洽谈的报价技巧有以下几种。

1. 先行报价法

依照惯例，发起谈判者应该先报价，投标者与招标者之间应由投标者先报价，卖方与买方之间应由卖方先报价。先报价的好处是能先行影响、制约对方，把谈判限定在一定的框架内,在此基础上达成最终协议。例如,你报价 10 000 元,那么,对手很难还价至 1 000 元。南方一些地区的服装商贩,就大多采用先报价的方法,而且他们报出的价格,一般要超出顾客拟付价格的一倍乃至几倍。一件衬衣如果卖到 60 元商贩就心满意足的话,他们一般要报价 160 元。考虑到很少有人好意思还价到 60 元,所以,一天中只需要有一个人愿意在 160 元的基础上讨价还价,商贩就能盈利。当然,卖方先报价也得有个"度",不能漫天要价,使对方不屑谈判——假如你到市场上问小贩鸡蛋多少钱一斤,小贩回答 300 元一斤,你还会多费口舌与他讨价还价吗?先报价虽有好处,但也泄露了情报,使对方听了以后,可以把心中隐而不报的价格与之比较,然后进行调整:合适就拍板成交,不合适就利用各种手段进行杀价。

案例 4-10

美国著名发明家爱迪生在某公司当电气技师时,他的一项发明获得了专利。公司经理向他表示愿意购买这项专利权,并问他要多少钱。当时,爱迪生想:只要能卖到 5 000 美元就很不错了,但他没有说出来,只是督促经理说:"您一定知道我的这项发明专利对公司的价值了,所以,价钱还是请您自己说一说吧!"经理报价道:"40 万美元,怎么样?"还能怎么样呢?谈判当然是没费周折就顺利结束了。爱迪生因此获得了意想不到的巨款,为日后的发明创造提供了资金。

案例分析

爱迪生的发明专利最后成功卖出高价就得益于他很好地运用了先行报价法。

課堂隨筆

2．对比报价法

对比报价法是指同时列出两种产品价格,通过对比以突出其中想推销产品的性价比高的方法。

3．均摊报价法

均摊报价法又称除法报价法,是一种价格分解术。一般以商品的数量或使用时间等概念为除数,以商品价格为被除数,得出一种数字很小的价格商,使买主对本来不低的价格产生一种便宜、低廉的感觉。

4．高价报价法

例如,在用"饥饿法"销售报价时,就可以采用这种高价报价法。

讨论:谈谈你在购物中的"砍价"体验。

案例 4-11

当买卖双方价格相差 10 万元时，为结束洽谈，双方同意折中解决，即各让 5 万元。又如：一方同意降价 2 万元，另一方同意减少 2 万元的货物，以解决 4 万元的差距。

案例分析

折中策略：一种由双方分担差距，相互向对方靠拢，从而解决谈判分歧的做法。

课堂随笔

四、听、述、问、答的技巧

洽谈的过程，通常就是听、述、问和答的过程，恰到好处的倾听、阐述、提问和回答，能使洽谈顺利进行。

如图 4-3 所示，在推销洽谈中应注意倾听技巧、叙述技巧、提问技巧和应答技巧。

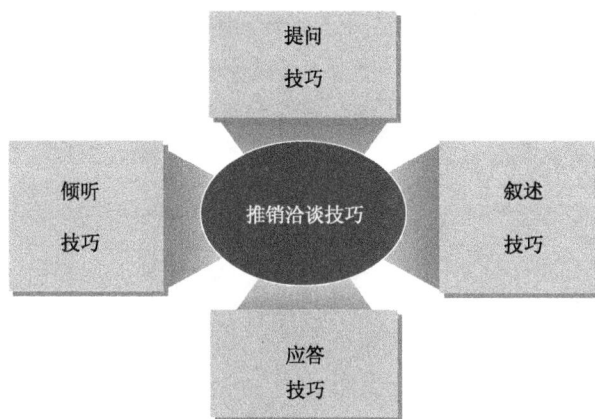

图4-3 推销洽谈中的技巧

这里可借用中医诊病法的"望""闻""问""切"了解客户的需求。

望：推销员观察拜访客户的经济收入水平、文化程度、兴趣爱好、房屋或办公地点的摆设、购置的商品、衣着打扮、精神面貌，从而确定交谈的话题。

闻：推销员设法打开客户的话闸子，不要无故打断客户的话题，如果客户喜欢说，就让他尽其所言，并不时附和、提问，引导顾客说出推销员想得到的信息。

问：探查对方的真实需求、购买欲、购买力和购买决策权。

切：把握全局，归纳出客户的性格、爱好特征，明确客户的顾虑，然后对症下药。说得更明白点，就是从客户的办公场所、生产经营场所、行动体态、言语了解客户需求。其中，通过客户的表情获取信息是一个重要途径。

1. 洽谈中的倾听技巧

"人只有一张嘴，但拥有两只耳朵。"在推销中，会倾听、善于倾听的人往往可以给人一种良好的印象。

案例 4-12

小美是一个爱美的女孩，可最近因为工作忙，睡眠少，她感觉自己的皮肤状况变差了，所以想找家美容店好好做一次肌肤的基础护理。

她来到了第一家美容店，一进店，就有一位美容小姐热情地迎了上来，还未等小美开口，她就带着小美参观，一边参观还一边喋喋不休地向小美介绍她们美容店最新的高科技产品。结果当然是小美急急忙忙地逃离了这家店。

接着小美来到第二家店，同样是一位面带微笑的美容小姐接待了她，一见面就问："小姐，您有什么需要吗？您想体验我们美容店的什么项目呢？需要我先帮您做个肌肤测试，先让您了解一下自己的肌肤状态，然后再决定您想做什么护理吗？"小美一听有理，于是边体验着肌肤测试，边和这位美容小姐交谈了起来。小美讲了这段时间工作繁忙，还讲了自己的肌肤困惑，又讲了自己的基本护理想法。后来在美容小姐认真地倾听和双方和谐的交流下，小美决定选择在这家美容店做肌肤护理。

课堂随笔

案例分析

倾听在推销中之所以如此重要，是因为倾听是一种有礼貌的表示，它有助于鉴别潜在顾客的需求所在和个性特征，有助于揭示潜在顾客心存的疑惑，有助于潜在顾客自己向自己推销。

要真正做到善于倾听需要注意：专注；注意对方的说话方式；观察对方的表情及肢体语言变化；听完后澄清或证实；学会忍耐；不时地与对方目光接触，微笑着点点头；要表示出同情心；对未弄懂的任何东西，都要求对方讲清；在对方介绍其立场时，注意找出与自己的立场相一致的东西；尽量听对方讲；做好笔记或录音。

2. 洽谈中的叙述技巧

在洽谈中，阐述是指说明自己一方的观点。阐述要使顾客了解自己的观点、方案和立场，又不能将自己的底细和意图过早地暴露，以免使自己处于不利地位。

推销人员在阐述时要注意：先听后述；阐述要清楚明了，尽量避免使用"大概"

"可能""也许""差不多"之类的词,对不清楚的资料或问题切勿随口而述;坦诚客观。

在洽谈中阐述有八条原则:准确易懂,简明扼要,条理清楚;第一次就要说准;要有说服力;对决策者说;语言、语速同步,同时注意声音大小和停顿时间;紧扣主题;对己方不利时,注意"折中迂回";必要时使用解围用语。

3. 洽谈中的提问技巧

【情景体验】

假设你是一位手机推销员,请向赵先生推销手机。(请同学演示)

资料:赵先生是某公司的业务人员,需要智能手机,他对华为品牌有偏好,至于型号则没有要求。现在,他已进入你的店,你开始与他洽谈了。

请同学思考:请设计一些问题来更好地了解赵先生,并促进其购买欲望。

在洽谈中应遵循一定的提问技巧。

① 提出的问题最好是范围界限比较清楚的,使顾客的回答能有具体内容。

② 提问要促进洽谈成功,不是那些似是而非、可答可不答的问题,或者与洽谈无关的问题。

③ 提问要尊重顾客,不提那些令人难堪、不快,甚至有敌意的问题,以免伤害顾客,使洽谈陷入僵局。

④ 提问态度要谦和、友好,用词要恰当、婉转。

⑤ 要注意提问的时机,不要随便打断顾客讲话,要耐心听完对方的讲话再提问。

(1)提问的不同类型。

① 封闭式提问。

　　a. 选择式问句。

　　您需要的颜色是白色还是米色?

　　(让对方在指定范围内选择)

　　b. 澄清式问句。

　　您说需要两台这种型号的,决定了吗?

　　(让对方进一步确认自己说的话)

　　c. 暗示式问句。

　　这种款式目前供不应求,价格还会上涨,您说是吗?

　　(问题已包含答案,督促对方表态)

② 开放式提问。

　　a. 商量式问句。

　　下月初来我厂进一步细谈,您认为如何?

（征询对方意见的发问形式）

b．探索式问句。

您提到运输有困难，能告诉我主要存在哪些困难吗？

（获取信息并表明自己对对方所谈问题的重视）

c．启发式问句。

明年的价格还会上涨，您有什么意见？

（启发对方发表意见和看法）

（2）提问时机。

　　① 不可打断对方的谈话。

　　② 在停顿或间歇时提问。

　　③ 在自己发言前后提问。

　　④ 在议程规定的时间内提问。

4．洽谈中的应答技巧

案例 4-13

　　肯尼思·纽博尔德是一个机器设备推销员。他在回答顾客的问题时，总是不假思索地说："从来没有人提出过这样的问题。我不知道应该怎样回答这个问题。不过，我们的专家罗伯特·米勒工程师肯定知道。这些机器是他从意大利买来的。我去问问他，明天写信告诉您。"说完以后，他们继续进行业务洽谈。事后，纽博尔德请教了米勒。米勒一一回答了他的问题，然后说："这个问题你可以不用问我，你自己完全能够回答。顾客一旦发现我们的推销代表连这种问题都回答不上来，那会给他们留下多么不好的印象呀！""我当然知道怎样回答。"纽博尔德表示同意，"不过，在与有关人士商量以前，我不想立刻回答顾客提出的问题。""我不明白你为什么这样做。"米勒迷惑不解地说。

课堂随笔

案例分析

　　知道纽博尔德为什么要采取这样的策略吗？

　　应答的好坏体现在"巧妙"二字上，正是因为有"巧"才能达到"妙"答。在推销洽谈中，对于顾客的提问，推销人员首先要坚持诚实性的原则，给予客观真实的回答，既不言过其实，又不弄虚作假，这样才能赢得顾客的好感和信任。

回答顾客提问时，要注意以下几点。

（1）回答之前要明确对方提问的用意。

（2）回答时要有条有理，言简意赅，通俗易懂。

（3）对于一些不便回答的问题，应采取灵活的方法给自己留下进退的余地。可采取以下方法。

① 不要彻底回答对方所提的问题。

② 不要确切地回答对方的提问。

③ 减小顾客追问的兴致，减少顾客追问的机会。

④ 让自己获得充分的思考时间。

⑤ 不轻易作答。

任务小结

通过交流和切磋，再加上推销经理佳敏和推销主管大雄细心的分析和耐心的指导，小紫和小蓝终于知道在和客户的推销洽谈中，在与客户面对面的交往中，要想使谈判顺利进行下去并取得良好的效果，光靠一股拼劲和蛮劲是远远不够的，在整个具体洽谈过程中能够对推销技巧进行灵活、有效的运用才是关键所在。包括建立和谐的洽谈气氛，开谈入题的技巧，报价的技巧和听、述、问、答的技巧。而这些技巧的运用不是单靠理论学习就可以学到、学好的，必须在实践中不断摸索，不断吸取教训，总结经验。通过这次推销技巧交流，小紫和小蓝都收获很大，感觉迅速成长起来了……

课堂活动

活动一　分析案例，加深对推销技巧的认识

1. 活动目的

通过分析案例，加深对推销技巧的认识。

2. 活动内容和步骤

（1）阅读以下案例。

在美国零售业中，有一家很有知名度的商店，它就是彭奈创设的"基教商店"。彭奈常说，一个一次订10万元货品的顾客和一个买一元沙拉酱的顾客，虽然在金额上相差很大，但他们对店主的期望却是一样的，那就是希望货品"货真价实"。彭奈对"货真价实"的解释并不是"物美价廉"，而是什么价钱买什么货。

彭奈的第一个零售店开业不久，有一天，一个中年男子来店里买搅蛋器。店员问："先生，您是想要好一点的，还是要次一点的？"那位男子听了有些不高兴："当然是要好的，不好的东西谁要？"店员就把"多佛"牌搅蛋器拿出来给他看。

男子问："这是最好的吗？"

"是的，而且是牌子最老的。"

"多少钱？"

"120元。"

"什么！为什么这么贵？我听说最好的才几十元。"

"几十元的我们也有，但那不是最好的。"

"可是，也不至于差这么多钱呀！"

"差得并不多，还有十几元钱一个的呢。"

男子听了店员的话，马上面现不悦之色，想立即掉头离去。彭奈急忙赶了过去，对男子说："先生，您想买搅蛋器是不是，我来介绍一种好产品给您。"

男子仿佛又有了兴趣，问："什么样的？"

彭奈拿出另外一种牌子的搅蛋器，说："就是这一种，请您看一看，式样还不错吧？"

"多少钱？"

"54元。"

"照你店员刚才的说法，这不是最好的，我不要。"

"我的这位店员刚才没有说清楚，搅蛋器有好几种牌子，每种牌子都有最好的货色，我刚拿出的这一种，是同一品牌中最好的。"

"可是，为什么'多佛'牌的贵那么多呢？"

"这是制造成本的关系。每种品牌的机器构造不一样，所用的材料也不同，所以在价格上会有出入。至于'多佛'牌的价钱高，有两个原因，一是它的牌子信誉好，二是它的容量大，适合做糕饼生意用。"彭奈耐心地说。

男子脸色缓和了很多："噢，原来是这样的。"

彭奈又说："其实，有很多人喜欢用这种新牌子的，就拿我来说吧，我就是用的这种牌子，性能并不差。而且它有个最大的优点——体积小，用起来方便，一般家庭最适合。府上有多少人？"

男子回答："5个。"

"那再合适不过了，我看您就拿这个回去用吧，保证不会让您失望。"

彭奈送走顾客，回头对他的店员说："知不知道你今天错在什么地方？"

那位店员愣愣地站在那里，显然不知道自己错在哪里。

"你错在太强调'最好'这个观念。"彭奈笑着说。

"可是，"店员说，"您经常告诫我们，要对顾客诚实，我的话并没有错呀！"

"你是没有错，只是缺乏技巧。我的生意做成了，难道我对顾客有不诚实的地方吗？"

店员默不作声，显然心中并不怎么服气。

"我说它是同一牌子中最好的，对不对？"

店员点点头。

"我没有欺骗顾客，又能把东西卖出去，你认为关键在什么地方？"

"说话的技巧。"

彭奈摇摇头，说："你只说对一半，主要是我摸清了他的心理，他一进门就说要最好的，对不？这表示他优越感很强，可是一听价钱太贵，他不肯承认他舍不得买，自然会把不是推到我们头上，这是一般顾客的通病。假如你想做成这笔生意，一定要变换一种方式，在不损伤他的优越感的前提下，使他买一种比较便宜的货。"

店员听得心服口服。

（2）按每组 5～6 人分组，各小组成员认真研读案例，并填写表 4-4。

表4-4 对案例的分析记录

问　　题	分析记录
这个来买搅蛋器的中年男子对商品的真正需求是什么	
彭奈最后推销成功用到了哪些推销技巧，请找出来	
请为彭奈的店员分别设计一个开放式提问和封闭式提问，以使该店员能更好地了解顾客的需求	

（3）小组成员交流并分享对案例的分析结果。

（4）各组选派一名代表在全班交流，分享案例分析结果。

（5）任课教师对各组的交流结果做出评价和指导，并组织评选出优胜组。

提示：

在这则案例中，彭奈了解了客户的真实消费心理，才使得推销继续进行并最终成功。那么如何才能真正了解客户的真实需求呢？首先是个人的经验、能力、悟性及敏锐的观察力。其次是提问的技巧。如在这则案例中，店员如果这样提问："先生，这里有 3 个品牌系列的产品，您更喜欢哪一种品牌？"（开放式提问）然后通过接下来的介绍及客户的选择，就能知道客户的消费档次和消费心理。再结合封闭式提问等推销技巧顺利完成交易。

另外，从这则案例中可以发现彭奈的推销技巧：

（1）满足客户的虚荣心（介绍一款好产品给您）；

121

（2）认同反对意见（店员没有说清楚）；

（3）适时引导并解除反对意见（品牌、原材料、工艺、功能等不一样）；

（4）客户鉴证（我家用的就是这款）；

（5）请求式、保证式成交（我看您就拿这个回去用吧，担保不会让您失望）。

活动二　角色扮演推销商品

1．活动目的

一是可以通过角色扮演，让学生亲身体会真实的推销洽谈场景，从而对推销洽谈中运用到的技巧有更真实的认识和尝试；二是可以锻炼学生上台发言的口头表达能力，而这种胆量和说话能力正是从事推销工作所不可缺少的。

2．活动内容和步骤

（1）阅读以下资料（其中的售价只供学生模拟推销时使用）。

华为手机是华为技术有限公司研发的智能手机。华为手机品牌下面一共有如下几个分类：

①Mate系列。华为Mate系列手机主打商务旗舰，屏幕大续航高，侧重商务优化技术（航行高铁数据安全等优化），定位高端，目标群体多为商务人士。如华为Mate9、华为Mate9 Plus、华为Mate8等。（对标三星note系列）每年年末（第四季度）发布。

②P系列。和Mate系列地位差距不大，仅次于Mate系列，主打商务时尚与拍照，高端定位，多为年轻消费者旗舰机，如华为P10、华为P10 Plus、华为P9/P8/P7等。改良继承Mate系列技术开发新技术，主攻年轻商务人士。每年年初发布（4月左右）最新的华为P10/P10 Plus配备第三代徕卡双摄，拍照表现出色，外观颜值很高。

③Nova系列。华为Nova系列手机是2016年推出的一个系列，定位中端主流，主打线下市场，类似OPPO/vivo策略，主打注重颜值、拍照的年轻消费群体。目前，华为Nova系列机型主要包括：华为Nova、华为Nova青春版两款机型。

④畅享系列。华为畅享系列，同样是一个华为品牌相对比较新的系列，定位中低端，主打千元机市场。目前，代表机型：华为畅享6s、华为畅享6/5等。

（2）学生先利用课前时间收集并熟悉相关商品资料，并自行拟好推销稿，反复演练，直至内容熟练，神情自然，语言表达清晰。

（3）安排课堂时间让学生上讲台进行5分钟的手机推销演练。

分组扮演，一组扮演手机推销员，另一组扮演顾客。

第一步，推销员创建和谐的洽谈气氛，接近顾客和探求顾客需求。

第二步，向顾客介绍商品。

第三步，买卖双方报价议价。

第四步，注意洽谈中听、述、问、答技巧的运用。

（4）任课教师根据表4-5给每位同学评分，评出优胜者。

表4-5 学生推销演练评分表

评价内容	分　值	评分标准	得　分
与顾客接触交谈时的神态、举止	10	声音大小、热情展示、面带微笑、站姿、肢体语言、语言表达、服装得体	
商品介绍词的内容和推销洽谈中听、述、问、答技巧的运用	80	商品介绍信息准确、有说服力（40分）；推销洽谈中听、述、问、答技巧的运用（40分）	
时间掌控	10	时间为5分钟，不足或超时均扣分	

思考与练习

一、判断题

1．价格是交易方式洽谈的核心。 （　　）

2．构造一个舒适的购买环境和氛围是十分重要的。 （　　）

3．开谈入题一定要做到自然、轻松和适时。 （　　）

4．技术性越高的产品越不适宜示范入题。 （　　）

5．依照惯例，发起谈判者应该后报价。 （　　）

6．在使用"饥饿法"销售报价时可采用高价报价法。 （　　）

7．音响、影视演示法特别适用于住房和汽车的推销洽谈。 （　　）

8．先行报价法专门针对那些有砍价欲望的洽谈对手。 （　　）

9．合作式洽谈策略适用于一切经济谈判，尤其适用于推销洽谈。 （　　）

10．在洽谈中,碰到不清楚的问题可直接用一些"可能""大概"等词语来回答。（　　）

二、单选题

1．商品要素洽谈的核心是（　　　）。

　　A．价格　　　　B．质量　　　　C．功能　　　　D．服务

2．"听说您准备结婚了,要不要先在我们酒店预订酒席？"这是以（　　）方式入题？

　　A．关心　　　　B．赞誉　　　　C．请教　　　　D．炫耀

3. 同时列出两种产品价格的报价方式是（　　）。

　　A. 均摊报价法　　B. 高价报价法　　C. 对比报价法　　D. 先行报价法

4. 下列不是推销洽谈原则的是（　　）。

　　A. 主动性　　　　B. 针对性　　　　C. 参与性　　　　D. 诚实性

5. 洽谈计划中洽谈的关键所在是（　　）。

　　A. 洽谈目的　　　　　　　　　　B. 洽谈要点

　　C. 洽谈的预期评价　　　　　　　D. 以上都不是

6. 在组织大宗业务的推销洽谈时应尽量争取下列哪项进行洽谈？（　　）

　　A. 己方场所　　B. 对方场所　　C. 第三方场所　　D. 以上都不是

7. "这种产品的功能还不错吧，您能评价一下吗？"属于（　　）提问。

　　A. 封闭式　　　　B. 开放式　　　　C. 启发式　　　　D. 选择式

8. "您看这样写合同是否妥当？"属于（　　）提问。

　　A. 封闭式　　　　B. 开放式　　　　C. 启发式　　　　D. 选择式

9. 最基本的洽谈方法是（　　）。

　　A. 表演演示法　　　　　　　　　B. 文字演示法

　　C. 图片演示法　　　　　　　　　D. 音响、影视演示法

10. 特别适用于住房、汽车的推销洽谈方法是（　　）。

　　A. 表演演示法　　　　　　　　　B. 文字演示法

　　C. 图片演示法　　　　　　　　　D. 音响、影视演示法

三、简答题

1. 推销洽谈的含义和特点分别是什么？

2. 推销洽谈准备工作的内容是什么？

3. 推销员必须掌握哪些倾听技巧？

4. 洽谈中的答复技巧有哪些？

5. 运用产品演示法时应注意什么？

项目五

不打不相识——处理顾客异议

学习目标

了解顾客异议的概念和类型；掌握顾客异议产生的原因及顾客异议的处理技巧。

小紫看车记

为了生活和工作更方便，小紫一家决定购买一辆经济型轿车。于是，小紫周末来到比亚迪 4S 店。

小紫进入 4S 店后受到热情的接待，店员了解到了小紫的基本情况后，开始向小紫重点推荐一款比亚迪 L3 型轿车。小紫对该车配置及油耗基本满意，但还是有些疑问。

小紫："我最近注意到网上有一些关于比亚迪汽车的负面新闻，我是个新手，很担心网上说的那些问题。"

销售顾问："我也注意到了网上一些关于比亚迪汽车的评论，有正面的也有负面的，不排除竞争对手看到比亚迪汽车的热销而故意编造、歪曲一些事实，散播不利于比亚迪的言论。你看像奔驰、宝马的车，好车吧，它们的论坛上骂它们的和夸它们的也一样多。"

小紫："可是我的好朋友也劝我不要买你们的汽车。"

销售顾问："我们的新客户，80% 都是老客户带过来的，说明大部分客户对比亚迪还是很认可的。比亚迪 L3 型轿车特别适合您这样的时尚女性驾驶，是性价比最高的一款时尚车型。"

小紫："我还是不太放心，担心国产汽车厂商的实力。"

销售顾问："俗话说耳听为虚，眼见为实。比亚迪汽车到底怎么样，只有自己感受过才能下结论。我们店专门为您这样的顾客准备了试乘试驾车环节，还有试乘试驾礼品。要不您登个记，我们去感受一下？您一边试驾，我一边给您慢慢介绍。"

一个半小时后，小紫满意地离开了比亚迪 4S 店，并与销售顾问约好，下周周末再同家人一起来看车。小紫刚刚到家就接到了销售顾问的短信，感谢其到店赏车，并欢迎小紫有时间对该款汽车提出自己的意见，小紫感到心情很愉快。回想整个看车经历，她不禁告诉自己，其实作为职业推销人员同时也是一名消费者，销售的技巧不仅可以在工作中学习，也可以在生活中仔细体会。

（1）销售顾问对于小紫的疑问做了哪些回答？效果如何？

（2）作为一名推销人员，应该如何在生活中体会销售的技巧？你又有哪些体会？

（3）谈一下通过阅读这个案例，你得到了哪些启示？

任务一　顾客异议的含义和类型

来到单位，小紫还在想着周末的看车经历，连小蓝冲她打招呼都没注意到。"我们的工作狂，有什么心事？"小紫这才注意到身边的小蓝正在看着自己，脸上还带着坏笑。小紫赶紧拽回思绪，"哪里，昨天看车的经历启发了我，我们不能仅站在销售者的角度思考问题，同时应该站在顾客的角度思考问题，顾客在下订单之前会有很多问题，我们做销售工作的应该事先想到顾客会有哪些问题和质疑，然后想好应对措施，这样在销售过程中才能从容不迫。你看我昨天就有这样的经历……"

一、顾客异议的含义

案例 5-1

顾客陈经理到红木家私店看上了一套酸枝，但迟迟没有刷卡。

陈经理："你的产品是不错，不过现在我还不想买。"推销人员："经理先生，既然产品很好，您为什么现在不买呢？"陈经理："产品虽然不错，可它不值5万（元）啊！"推销人员："那您说说这样的产品应该卖什么价格？"陈经理："反正太贵了，我们买不起。"推销人员："经理先生，看您说的！如果连您都买不起，还有什么人买得起？您给还个价。"

案例分析

喝彩是看客，嫌货才是买货人。推销人员对待陈经理提出的顾客异议，没有马上讲事实摆道理，而是向顾客提出问题，引导顾客自己否定自己，最终达成交易。

课堂随笔

顾客异议是指顾客对推销人员或其推销的商品、推销活动所做出的怀疑和否定，甚至是反对意见的一种反映。处理顾客异议贯穿整个营销过程。

一般来说，顾客在接受推销的过程中，不提任何反对意见就着手购买的情况极其少见，顾客一般会针对价格、质量、外观、售后服务等提出一系列问题或质疑，推销人员要设身处地地为顾客着想，帮助顾客找到这些问题或质疑的答案后，成交也就变得水到渠成了。因此，顾客异议处理就成了促成成交前的一个重要环节，推销人员在销售工作开始之前就要做好应对和消除顾客异议的各项准备工作。

二、顾客异议的类型

1. 顾客方面的异议

在销售活动中，顾客是最重要的构成环节，不同的顾客由于自身情况和以前的消费经验等，会从很多方面提出质疑或反对的意见，这些就是顾客方面的原因引起的销售异议。顾客方面的异议主要有以下几种情况。

（1）顾客的需求。顾客的购买动机来源于需求，如果顾客确实不需要或者还没认识到该商品的利益，就会对推销人员的推销活动产生反感或异议。例如，小紫将自己的购车计划定位为经济型轿车，如果推销人员在没有切实了解顾客需求的情况下，贸然推荐中高端车型，很容易错失这样一个具有较强购买意愿的顾客。因此在销售活动中，推销人员应积极了解并激发顾客的购买需求，提高推销效率，同时为下一步的成交减小阻力。

（2）顾客的经济实力。支付能力是顾客完成交易的先决条件，有无支付能力是衡量一个准顾客的重要因素。但往往这种异议顾客很少直接表现出来，一般会转换成其他异议。有时顾客出于个人考虑会用其他方面的异议掩盖自身的经济状况，此时推销人员要关注顾客的心理，学会换位思考，始终对顾客保持尊重，学会利用其日常消费习惯等方面的情况判断异议的真伪，争取更多机会。

（3）顾客的购买习惯与认知。顾客的购买习惯与认知形成于顾客的过往消费经历。例如，某些顾客认为上门推销的产品都是假冒伪劣产品，上门推销人员做的是一锤子买卖。这些想法和认识，一旦形成就不容易改变，从而成为推销活动的阻碍。这就要求推销人员除注重个人形象外，还要在售后服务方面多做安排，以打消顾客的疑虑。相对于推销人员来说，大多数顾客对推销商品的了解不够充分，缺乏相关专业知识，没有充分认识到产品利益，从而产生异议。对于这种情况，推销人员应积极把握，因为如果能引导顾客从专业的角度看推销产品的利益，不仅能很好地化解异议，而且可以为下一步的促成交易带来更多的机会。

案例 5-2

齐德勒先生是一位烹调器的推销员。一次他在向一位家庭主妇做了产品介绍后，约好第二天再去拜访她。到了第二天，这位家庭主妇虽然在家等着他的拜访，但听了他对产品进一步的说明后却说，还要再想一下，这件事还要同丈夫商量后再决定。

这时，齐德勒虽然知道这次成交的机会不大，但他想要确定这位妇女是有意拖延，还是确有理由不买，是真的要同丈夫商量一下，还是打发他走。于是他说："这很好，我到晚上再来，可以吗？"主妇拖延着不置可否。于是，齐德勒提出："让我问您一个问题，什么时候您丈夫带食品回家？"她反问：

"这是什么意思？他根本不带食品回来。"齐德勒通过不断的提问得知，经常买食品的是这位妇女。齐德勒拿出一个笔记本，当场就和妇女算了一笔账："我做保守一点的估计，您每星期花费在食品上至少50元，可以吗？"她说："可以。"接着，齐德勒对顾客说："夫人，您每星期花费50元买食品，一年如以50个星期算，那将花费2 500元（齐德勒边说边在本上写下50×50）。您刚才告诉我，您已结婚20年了，这20年来每年2 500元，共花费了50 000元（写下），这是您丈夫信任您让您买的。您总不会每次把食品都给他看吧！"她听后笑了。齐德勒说："夫人，您丈夫既然信任让您用50 000元钱买食品，他肯定会让您再花400元买烹调器，以便更方便、更美味地烹调一下50 000元的食品吧？"就这样，齐德勒卖出了一套烹调器。

课堂随笔

案例分析

在推销过程中，化解顾客提出的异议是件比较麻烦的事。"我无权决定购买"，理由冠冕堂皇且很有分量，但齐德勒先生却巧妙地化解了这个异议。

（4）顾客的购买决策权。家庭或企业都有分工，这种分工的客观存在，就导致产生了相应的具有购买决策权的决策人或群体。如果我们的推销对象无权决定购买或者无权决定购买细节，如样式、数量、价格、支付方式等情况，他就可能借故拒绝推销人员的推销活动。因此，推销人员在进行顾客资格审查时要仔细认真，继续保持与顾客的沟通，力争获得更多有价值的信息，为下一步关键顾客的寻找与沟通打下基础。

2. **产品方面的异议**

由于产品的质量、价格、品牌、包装及销售服务等方面不能令顾客满意而引起的顾客异议称为产品方面的异议，这种情况也是很常见的。产品方面的异议主要有以下几种情况。

（1）产品异议。顾客针对产品的质量、性能、规格、品种、花色、包装等方面提出的反对意见，也叫"质量异议"。

产品异议是众多异议中比较难攻克的一种，顾客一旦对产品本身提出质疑，无论价格、服务有多好，销售人员也很难说服顾客购买。

（2）价格异议。因价格方面的原因使顾客提出反对意见的情况也比较常见。多数情况下顾客即使看好该商品，也希望通过提出价格异议来讨价还价，降低交易价格。此外，少数情况下，"便宜得吓人"的价格也可能阻碍成交。顾客所提出来的价格偏高或价格为什么如此之低（质量有保证吗）的质疑，就是产品价格异议。

案例 5-3

2003年，美的与日本东芝联合设立工厂，并由此掌握了变频压缩机核心技术。2008年9月1日，美的变频空调上市。虽然市场上的变频空调尚属热销产品，美的此时却做了一个大胆的决定，将均价在4 000元左右的变频空调下降至3 000元以内。变频空调在整个中国空调市场的份额立刻得到大幅提升，短短两年内市场份额由几个百分点跃升至29%。在变频空调剧烈的市场变化中，美的无疑成了最大的赢家，它暂时性地压倒了格力，占据了业内第一的位置。

在变频和中央空调等主流产品上占了上风，羽翼渐丰之时，美的开始采取主动进攻的策略。到2010年8月29日，美的率先发布上半年财报，宣称空调及零部件实现收入258.55亿元，同比增长39.85%；一个月后，格力电器发布上半年财报，其中空调及配件收入229.72亿元，同比增长24.8%。相比之下，美的空调上半年收入已经超过格力电器12.55%。至此，美的首次超过了保持了10年老大地位的格力电器。

课堂随笔

案例分析

低价营销是一种很好的营销策略，对交出空调老大地位的格力而言，美的的低价营销策略无疑给了其沉重一击。

（3）产品品牌异议。随着市场经济在我国的不断发展，企业间的竞争日益激烈，众多企业生产同一种商品的情况越来越普遍。由于企业间实力、进入市场时间、营销策略等的差别，顾客心目中就形成了一线品牌、二线品牌、不知名品牌的认知，而且往往将产品的品牌与质量挂钩。毕竟顾客心目中的一线品牌是少数，这就给为数众多的二线品牌和不知名品牌的推销人员带来了销售阻力。即使是一线品牌，有时也会因为一些负面消息或报道，引起顾客的质疑或否定。

案例 5-4

2007年，宝洁市场部对伊卡璐洗发水品牌进行重新定位，对产品包装、配方整体全面更改。然而2015年，宝洁宣布将出售一批小品牌，其中包括伊卡璐。根据伊卡璐某位市场负责人透露，伊卡璐品牌升级后，在全球大多数国家出现了销量下降的情况。以中国为例，从已公开的市场数据看到，伊卡璐曾是一个年销售额近4亿元人民币、占据近3%市场份额的品牌，与那时的沙宣不分伯仲。2008年升级后销售额不升反降，到了2014年，升级产品的销售额只有高峰期的1/3。这几年，中国的洗发水市场销售总额翻了一番，伊卡璐因升级而带来的损失是数以亿元计的。这个被寄予厚望的"史上最大升级"对伊

课堂随笔

卡璐的瓶身、液体、香型、配方都进行了改变，最直接的结果是：老用户完全认不出新产品了。

案例分析

伊卡璐品牌升级失败的案例告诉我们，试图改变消费者多年养成的习惯是很困难的。

（4）产品销售服务异议。每一位顾客都希望迅速得到商品，较快地在企业里找到要找的部门，获得快速而满意的服务、答复和解决问题的办法。此时推销人员就需要得到企业其他部门的支持，消除顾客疑虑，顺利实现销售。一项研究表明，每个不满意的顾客平均会向9个亲友讲述不愉快的经历。因此，如果一位顾客关于销售服务的异议没有得到有效处理，就可能使推销人员失去多个顾客。也就是说，顾客关于产品销售服务方面的异议，必须得到足够的重视，当仅靠推销人员的力量无法顺利解决时，推销人员应迅速做出反应，与企业相关部门沟通合作，力争将问题妥善化解。

3. 推销人员方面的异议

推销人员方面的异议是指顾客认为不应该向某个营销人员购买推销产品的异议。有些顾客不肯买推销产品，只是因为对某个营销人员有异议，他不喜欢这个营销人员，不愿让其接近，也排斥此营销人员的建议。但顾客肯接受自认为合适的其他营销人员，例如，"我要买小张的""对不起，请再派一名营销顾问过来"等。

顾客对推销人员产生异议，主要有以下几个方面的原因。

（1）形象问题：推销人员在仪容仪表、言谈举止、推销方式、对顾客的态度等方面不能使顾客满意。

（2）沟通问题：推销人员以自我为中心，不重视顾客的需求与感受；或是推销人员在向顾客传递信息时表达不力，不能使顾客满意，甚至造成对抗局面的出现。

（3）信誉问题：推销人员采取不负责任的态度对待顾客，或者利用推销人员与顾客信息的不对等欺骗或坑害顾客，给顾客带来损失或引起顾客的不信任感，此时顾客就会产生明显的对抗心理，从而产生异议。这就要求推销人员对顾客以诚相待，多与顾客进行感情交流，做顾客的知心朋友，消除异议，争取顾客的谅解和合作。

案例 5-5

小陈有4年驾龄，使用的轿车也跑了近7万千米，4S店提示轮胎近期需要更换。鉴于4S店报价偏高，且需要支付一笔不菲的工时费，正好附近有一家轮胎专卖店，小陈曾经在那里补胎和充气，感觉服务不错，于是小陈决定到那家轮胎专卖店去更换轮胎。

推销实务（第2版）

专卖店的工作人员热情地接待了小陈，在谈好价格后开始准备更换轮胎，同时免费帮小陈检测了制动系统。工作人员发现后轮刹车盘出现磨损，建议更换刹车片，报价350元。小陈此前从未更换过刹车片，顺口问了一句："是不是一片350元，更换两片要700元？"工作人员犹豫了一下说是700元，小陈觉得不放心，就打电话咨询了懂汽修的朋友，朋友告诉他，按照市场行情，350元是更换全部后刹车片的整体报价，不存在乘以2的问题，小陈很生气，连谈好的轮胎也不换了，生气地离开了轮胎专卖店。

课堂随笔

案例分析

推销人员如果失去了信誉，也就失去了顾客。

4. 其他方面的异议

顾客异议的成因众多，除前面讲到的顾客方面的异议、产品方面的异议、推销人员方面的异议外，还存在诸如货源、购买时间、交货地点等异议。

货源异议是指顾客认为不应该向有关公司的推销人员购买产品的一种反对意见。例如，"我用的是某某公司的产品""我们有固定的进货渠道""买国有企业的商品才放心"等。顾客提出货源异议，表明顾客愿意购买产品，只是不愿向眼下这位推销人员及其所代表的公司购买。当然，有些顾客利用货源异议来与推销人员讨价还价，甚至利用货源异议来拒绝推销人员的接近。因此，推销人员应认真分析货源异议的真正原因，利用恰当的方法来处理货源异议。

购买时间异议是指顾客有意拖延购买时间的异议。很多时候顾客不愿马上做出决定，营销人员经常听到顾客说："让我再考虑一下，过几天答复你""我们需要商量一下，有消息再通知你们""我最近很忙，先把材料留下吧"等。这些异议意味着顾客还没有完全下定决心。拖延的真正原因，可能是价格、产品或其他方面不合适。有些顾客还利用购买时间异议来拒绝推销人员的接近和面谈。因此推销人员要具体分析，有的放矢，认真处理。

有些特殊商品，因为需要运输或协助顾客安装调试等原因，也会出现交货地点、付货方式异议。

任务小结

　　通过学习与体会，小紫和小蓝明白了，在推销过程中，引起顾客异议的原因是多种多样的，有时这些原因交织在一起，使得推销工作变得更加错综复杂。此时推销人员就要耐心地听取顾客异议，对异议背后的原因进行深入思考与认真分析，学会站在顾客的角度思考问题，然后"对症下药"，及时解决顾客异议，最终使推销工作顺利推进。

课堂活动

活动一　分组实践，分析顾客异议

　　1. 活动目的

　　一是巩固学生本节内容的学习效果；二是便于教师了解学生的学习情况；三是提高学生分析顾客异议的能力。

　　2. 活动内容和步骤

　　模拟销售环境，处理顾客异议；分析顾客异议的成因；思考处理异议的方法。

　　（1）课堂小游戏。连续报数，凡是喊到带有"7"或"7"的倍数的同学，要喊"过"，否则上台表演一个小节目，表演后该同学任意选择 100 以内的数字，重新开始报数游戏。目的：提高同学们的注意力，增强实践教学环节的互动性和参与性。（数字可以根据班级人数而做出调整，如班级人数在 30 以内，可以把数字"7"变成"3"，使得同学们的注意力更加集中，增加课堂的趣味性。）

　　（2）报数分组。报数分组，根据班级人数情况，按每组 5～6 人分组，确定报数规则。例如，班级共 42 名同学，就可采用 1～7 循环报数法分组，喊到相同数字的同学为一组。此种随机分组的方法，避免了自由结组时经常出现的部分同学无法结组的问题。

　　（3）教师布置任务。教师向各小组布置实践任务：小组成员轮流扮演推销人员、顾客甲、顾客乙、顾客丙、顾客丁，分别进行情景模拟。顾客扮演者要关注推销人员的倾听过程，推销人员应积极思考顾客异议的成因，尝试寻找顾客异议产生的原因。

模拟场景

　　推销人员李林刚被美欣空调专卖店聘用为销售员，他对未来的销售工作充满了热情，他给顾客推销的是一款今年新出的节能型空调，在他耐心地为顾客做了详细的产品介绍后，周围聆听的顾客却提出了一个又一个的质疑和反对意见……

　　顾客甲：真的能节能吗？牌子不怎么有名气。

　　顾客乙：价格有些偏高了。

顾客丙：售后服务好像不太好。

顾客丁：外形看起来不够新颖。

（4）小组讨论与评价。

① 小组讨论主题：顾客异议背后的原因，讨论结果由小组代表分组汇报。满分为50分，教师评定，计入小组每个成员的成绩单。教师根据汇报情况可对汇报代表酌情加分，加分最多为5分。

② 结合表5-1进行组内互评。

表5-1　顾客异议实践环节组内互评评分表

评 价 内 容	分　值	评 分 标 准	得　分
推销人员倾听环节	10	微笑（3分）； 注视顾客（5分）； 与顾客互动情况（2分）	
顾客扮演环节	5	语气自然（3分）； 异议提出时机恰当（2分）	
讨论环节	35	积极发言（15分）； 准确分析产生顾客异议的原因（20分）	

③ 教师将小组讨论汇报成绩与组内互评成绩相加，得出个人总成绩，并记录。

活动二　延伸阅读

1. 活动目的

让学生知道虚假异议很常见。

2. 活动内容和步骤

（1）阅读以下资料。

在实际推销活动中，虚假异议占顾客异议的比重比较大。相关调查机构曾对400名推销对象做了调查，"当你面对推销时，你是怎样拒绝的？"结果发现：有明确拒绝理由的只有72名，占比18%；没有明确理由，随便找个理由拒绝的有64名，占比16%；因为忙碌而拒绝的有26名，占比6.5%；凭直觉拒绝的有186名，占比46.5%；其他类型和拒绝回答的有52名，占比13%。

这一结果说明，许多推销对象并不会对推销人员说出自己产生异议的真正原因，而只是随便地找个理由来反对推销人员的打扰，把推销人员打发走。

（2）思考和讨论。

① 你在购物时提出过哪些异议？哪些是真实的，哪些是虚假的？

② 分析下列异议，哪些是真实异议，哪些是虚假异议？它们各属于什么类型？

A. 我不觉得这价钱代表着"一分钱一分货"。

B. 这尺寸看起来对我不大适合。

C. 我从未听说过你们公司。

D. 我只想四处逛逛，看看有没有别的合适产品。

③ 作为推销人员应该如何应对虚假异议？

任务二　顾客异议的处理原则和策略

　　小蓝今天在推销产品时遇到了一件麻烦事，一位顾客所选择的产品出现了质量问题，顾客很激动，说小蓝不负责任，把有质量问题的产品推销给他。小蓝第一次遇到这种事，手足无措，想和顾客沟通与解释，却不知如何开口。这时佳敏经理走了过来，小蓝如释重负地对顾客说："对不起，您稍等，我们经理正好在，我让她来和您解释。"佳敏经理走过来和顾客打了个招呼，微笑着面对顾客，认真听取顾客抱怨，还不时回应顾客"呀""真是的""怎么会这样"……小蓝感觉到顾客的火气在逐渐消退。几分钟后，佳敏经理对顾客说："王先生，这种情况我们还是第一次遇到，我现在就找技术人员过来调试，您放心，我们不会把有质量问题的商品卖给您的。"然后开始联系技术人员。小蓝认识到，处理顾客异议不是一件容易的事情，于是走到自己的桌前，在台历上写下了这样几个字："倾听、感同身受、积极协调"。

一、正确对待顾客异议

案例 5-6

　　一位多功能高端计算器的推销人员向一家公司的经理推销自己的产品。

　　顾客："你们的商品价格太高了。"

　　推销人员："太高？"

　　顾客："你们产品的价格几乎比你们竞争对手产品的价格高出 25 美元。"

　　推销人员："这正是您应该买我们产品的原因啊。我们的产品有许多好的品质，每个人都认为其物有所值。没有一种其他的产品能有我们产品独特的时间特征，您只要按一下这个按钮，就会看到时间和日期。"

　　顾客："这很好，但我感兴趣的是我的秘书能用于计算薪水总额、税收以及其他商业申请表的计算器。"

　　推销人员："您所说的仅仅是这种计算器最基本的一些功能。"

顾客："是这样的，你们有没有比这种便宜的计算器？"

推销人员："我明白您的意思了。但我认为质量也是一个重要的考虑因素，我们的计算器保证可以使用5年而不需要维修，这比竞争对手产品的有效使用期要多出2年，这就相当于每月的花费仅为2美元。"

顾客："也许你是正确的，但我还需要考虑一下。"

推销人员："经理，您付给您的秘书多少工资？"

顾客："每小时10美元。"

推销人员："哦，先前我计算过，用我们的计算器可使您每天节省2小时的工作时间，相当于每天节省20美元，一周就是100美元。这些都代表您腰包中的金钱，如果您还下不了决心，这可是一个损失。"

顾客："这么说的话，那我就买吧。"

课堂随笔

案例分析

顾客异议是推销活动过程中必然出现的现象。一些成功的推销人员认为，顾客提出异议正是推销面谈所追求的目的和效果。一旦顾客提出了真实异议，推销就进入双向沟通阶段，推销人员才有可能进行有针对性的介绍与解释。只要顾客提出的不是拒绝性异议和明显的托词，就表明顾客已经开始对产品产生兴趣。因此，推销人员应尊重顾客异议，欢迎顾客提出各种意见。

处理顾客异议的原则，是指推销人员处理顾客异议时应遵循的准则或基本规范。它主要包括以下几个方面。

1．情绪轻松，避免紧张

推销人员要认识到异议是必然存在的，在心理上不可有反常的反应，听到顾客提出异议后应保持冷静，不可动怒，也不可采取敌对行动，应当继续以笑脸相迎，同时了解反对意见的内容、要点及重点，一般多用下列语句作为开场白："我很高兴您能提出此意见""您的意见非常合理""您的观察很敏锐"等。当然，如果要轻松地应付异议，推销人员必须对商品、公司政策、市场及竞争者有深刻的认识，这些是控制异议的必备条件。

2．倾听顾客异议

由于顾客和商家在知识、态度、利益、角度及需要等方面存在差别，异议自然就会出现，并且异议是销售过程中必然会碰到的环节。既然顾客异议客观存在，推销人员就需要正确理解、正确对待。

当顾客提出异议时，推销人员首先要认真倾听，并表现出极大的关心和兴趣，这本身就是赢得顾客好感的有效方法，必要时还可以重述顾客异议。但需要注意的是，不要曲解顾客异议的内容。这样，一方面可以为自己明确异议的内容和根源，寻找有效的解决方法赢得时间；另一方面会使顾客觉得受到了尊重，形成友好和谐的推销气氛。良好的推销气氛，有助于顾客异议的顺利解决。因此，正视顾客异议，理性对待，合理分析，积极解决，是推销人员应采取的做法。

3. 准确分析顾客异议

顾客提出异议，一定有原因。所以，对持有异议的顾客，要尊重、理解和体谅，并找出存在异议的真正原因，然后帮助他、说服他。另外，推销人员还要学会洞察顾客的心理，认真分析顾客的各种异议，把握住到底哪些是真实的异议，哪些是顾客拒绝购买的托词，并探寻其异议背后的"深层次原因"。

要想获知顾客异议的根源，就需要推销人员向顾客提出问题，并细致地观察和分析。只有认真准确地分析各种顾客异议，才能了解顾客的真实意图，并在此基础上有针对性地处理各种异议，进而提高推销的成功率。

4. 正确回答顾客异议

回答顾客的异议应简明扼要，不要偏离正题。在回答问题时也不要过于集中地讨论某一方面的异议，要学会适当地转换话题，分散顾客对某一方面异议的注意力。在回答顾客异议时，要尽量避免用个人的看法去影响顾客，少说"我的看法是……""如果我是你的话，我将……""我有过亲身体验……"之类的话，因为顾客并不那么相信你，也没有征求你的意见，这样回答会引起顾客的疑虑或反感。

想做到巧妙、正确地回答顾客异议，要求推销人员对产品有全面的了解，特别是对产品的使用说明更要熟悉。了解顾客的情况和真实的感受，并事先对可能出现的异议做好充分的准备。这样，顾客提出异议时才能应答如流，提高可信性。同时还应注意自己的回答对顾客可能产生的影响，要经常向顾客询问是否满意，不能搪塞顾客的要求和异议，否则会产生适得其反的效果。

推销人员对准顾客所提的异议必须审慎回答，应以沉着、坦白及直爽的态度，将有关事实、数据、资料或证明以口述或其他方式送交准顾客，以解决问题。假如不能解答，就应当承认，不可乱吹。

5. 充分重视顾客异议

在购买商品的过程中每一位顾客都希望自己能得到重视和尊重，尊重顾客的异议是推销人员良好素质与修养的体现。只有尊重顾客异议，才能在此基础上做好转化工作。要知道，顾客之所以购买推销品，并非完全出于理智，在许多情况下是出于感情。尊重顾客异议应具体体现在推销人员的言谈举止中，如语气、语调、神态、言谈等。

美国心理学家马斯洛认为，每个人都有受尊重的需求，都希望得到别人的尊重。身为推销人员，当顾客提出异议乃至抱怨时，应学会认真倾听并表示理解与同情，不要随便打断顾客的话，更不要与顾客发生争吵。因为争吵说服不了顾客，即使争吵"得胜"，也会因此而失掉成交的机会，正所谓"口头争论占上风，得罪买主一场空"。

案例 5-7

美国纽约电话公司曾遇到一个蛮不讲理的客户，他拒不付电话费，声称电信公司的记录是错的。对此，他暴跳如雷，破口大骂，甚至威胁要砸碎电话机，同时写信给各大报社，向公共服务委员会抱怨。为此，与电话公司打了好几场官司。公司派出好几个人去处理此事都失败了。后来，公司派了最有耐心的乔治去处理此事。在乔治面前，那位客户没完没了地大发脾气。第一次，乔治静静地听了三个小时，对客户所讲的每一点都表示同情。后来又去了三次，每次他都静听客户的抱怨。在第四次时，客户的态度渐渐变得友好起来。最后，乔治说服了这位客户加入了他的"电话用户保持协会"，与此同时，客户付清了全部电话欠费账单，结束了他的投诉。

课堂随笔

案例分析

案例中乔治认真倾听顾客的异议，理解和同情顾客的需求。不仅成功处理了顾客异议，还取得了顾客的信任。

二、处理顾客异议的最佳时机

掌握好处理顾客异议的最佳时机是推销人员的一项基本能力，时机的把握分为以下几种情况。

1. 在顾客提出异议之前进行处理

在顾客异议出现之前就用销售技巧解决是顾客异议处理的最佳方法。从消费者行为学角度说，让顾客讲出异议，克服它的难度就会大大增强。因为顾客一旦说出反对意见，他的自尊心就会让他去坚持这个异议，这样说服的难度就会大大增加。最好的推销技巧是在顾客提出异议之前就将异议化解。同时，如果你在产品介绍的时候，一种异议反复出现，就说明你的推销是有问题的，必须分析并改善你的推销，这时可以用旁人的身份，比如以"有的顾客说……""我的顾客 ×× 在购买时也有这种想法……"来化解顾客异议。

2. 顾客提出异议后马上解决

在顾客提出一个他非常关心或认为非常必要的问题时，如果推销人员不立即解答，就会引起顾客更大的疑问，甚至会使他对商品或推销活动失去兴趣。他觉得你不够专业，不够重视他，或者对他的问题不感兴趣。这种情况一旦出现，顾客就会产生较强的抵触心理，推销工作就很难继续进行了。

3．在顾客异议出现之后化解

有些时候，如果直接回答顾客提出的异议，往往并不能顺利化解异议。例如，在顾客提出价格异议时，如果顾客还没有全面了解产品的优点，马上回答势必会造成他认为价格偏高，从而全盘拒绝你的推销，此时价格异议就要放在后面来解决。推销人员可以愉快地说"我马上就要谈到价格了"，"我很高兴您对价格感兴趣，过一会儿当我谈价格的时候，您一定会感到满意的"或者"价格包含许多因素，如尺寸、型号、交易条件和装运等，等一会儿我们详细来谈好吗？"

4．不予处理

不回答顾客异议也是一种推销技巧，当顾客的异议是一个托词，或者顾客在提出异议时心不在焉，或者该异议与推销活动关联不大时，推销人员也可以采取"绕开"的策略，不予回答。如顾客说："啊，你原来是××公司的推销员，你们公司周围的环境可真差，交通也不方便！"尽管事实并非如此，你也不要争辩，你可以说："先生，请您看看产品……"既可以提高效率，又可以避免出现一些不必要的难题。但需要注意的是，不予处理的异议，被顾客第二次提出时，推销人员就要及时关注并解决了，这说明顾客认为这个问题很重要。

三、处理顾客异议的策略

1．不打无准备之仗

任何一笔交易都有可能遇到顾客的异议，一个推销人员在推销访问之前不仅要有应付异议的心理准备，而且要做好具体的准备工作。推销大师海因茨•M.戈德曼推荐的方法是：找一张纸，在纸的中央从上向下画一条直线，在直线的左边把顾客可能提出的异议——列举出来，在纸的右边把自己最好的诊断方法扼要地写下来。然后分别去征求一下同事、推销负责人、老顾客的意见，向他们请教更好的处理方法。拿着这张表格不断补充修改，通过模拟练习做好充分准备，一旦顾客提出异议，就给以满意的答复。

2．灵活应对

优秀的推销人员面对不同类型的顾客，针对不同类型的异议会采取灵活的方式应对，因此推销成功率较高。灵活应对具体体现在：分析顾客心理，想顾客之所想；了解顾客偏好，急顾客之所急；分析顾客类型，谋顾客之所谋；等等。针对不同的顾客，即使相同的异议内容，也要灵活应对，不能以不变应万变。

知识链接

化解不同类型顾客的价格异议时应采取的策略

价格异议是一种最常见的异议表现，成功的营销人员曾总结出如下经验，针对不同类型的顾客，价格异议的化解应采取不同的策略。

（1）优柔寡断型顾客——此类顾客主见不强，使用正面回绝的异议处理方式效果较好。

（2）主见型顾客——此类顾客个性强，不易被说动，使用循序渐进、改变立场的方式化解价格异议效果较好。

（3）内行型顾客——此类顾客对于产品比较了解，使用全面深入分析、求同存异的方法效果明显。

（4）强硬型顾客——此类顾客脾气较急，使用转变角色方式化解较好。

（5）追求利益型顾客——此类顾客看重眼前利益，在条件许可的情况下使用回报补偿法，直接给予打折或赠品的方式化解价格异议，促成成交的机会较大。

推销的技巧在于灵活，正所谓"道可道，非常道"。

3．不与顾客争辩

争辩是推销的大忌，无论顾客的异议是否正确，言语是否激烈，推销人员都不要与其争论，因为无论争论是否成功，其结果只有一个——失掉顾客。一定要记住"与顾客争辩，失败的永远是推销人员"。推销人员在化解与顾客意见的分歧时要注意语言技巧，不断提高自己的亲和力和个人素养，从而较好地避免此类情况的发生。

4．以顾客为中心，尊重顾客

推销人员在整个销售活动中都要以顾客为中心，在异议处理环节具体表现为要尊重顾客的意见。推销人员讲话时要面带微笑、正视顾客，听顾客讲话时要全神贯注，回答顾客时语气不能生硬。不要出现"你错了""连这你也不懂""你没明白我说的意思，我是说……"等话语，避免挫伤顾客的自尊，给推销带来不必要的阻力。

任务小结

经过佳敏经理的言传身教，小蓝切身体会到了处理顾客异议的重要性，对于处理顾客异议的时机与策略也有了初步的了解，小蓝高兴地说："再有这样的机会，我一定不再麻烦佳敏经理，争取自己搞定。"小紫得知此事后开玩笑："那你可要记得带手绢呀，你头上那么多汗，一包纸巾都不够用呀。"

课堂活动

活动一　小组讨论

1. 活动目的

通过小组讨论掌握针对不同类型的顾客异议时应选择的有利时机。

2. 活动内容和步骤

结合任务一和任务二所学知识，针对不同类型的顾客异议，在处理时灵活选择有利时机。

（1）分组：延续任务一的分组情况。

（2）组内讨论（45分钟）。

① 各小组选择不同的产品，如衣服、手机、计算机、日常用品等。

② 将推销活动中针对每种产品常见的顾客异议话语写出来，各小组力求写出较多的常见异议话语。

（3）分小组汇报（35分钟，每小组5分钟左右）。

（4）教师总结（10分钟）。

活动二　分析顾客异议

1. 活动目的

分析顾客异议背后的原因，以及顾客的想法或目的。

2. 活动内容和步骤

（1）分析以下顾客异议，并填于表5-2中。

a. 顾客："你这个商品太贵了。"

b. 顾客："我没听说过你们的品牌。"

c. 顾客："我觉得××公司的产品更好。"

d. 顾客："你们产品的款式太陈旧了。"

e. 顾客："你们产品的功能太少了。"

表5-2　分析顾客异议

顾 客 异 议	产生异议可能的原因	顾客的真实想法或目的	教 师 评 分
a			
b			
c			
d			
e			

评分标准：原因列举 10 分 / 项，顾客想法分析 10 分 / 项，满分 100 分。

（2）要求：每名同学独立完成，完成时间 30 分钟。

任务三　顾客异议的处理方法

　　小紫和小蓝逐渐爱上了自己的职业，他们从最初的缺乏经验屡屡碰壁，到现在能够自信地站在顾客面前介绍商品，真是进步飞快。但是他们还不满足，一有机会就向大雄主管和佳敏经理请教。这不，正准备下班的大雄，又被两个年轻人缠上了。小紫说："雄哥，有些顾客经常会提一些我事先没想好的问题或异议，您先前教我的很多技巧就不起作用了，这该怎么办呀？"小蓝紧跟着说："我也经常碰到同样的问题，您要不着急走，就把您的经验给我们好好讲讲吧。"大雄主管几乎是有问必答："只要顾客见得多了，问题或异议听得多了，办法就多了，正好今晚没事，我给你们详细说说……"

　　顾客异议的类型和产生原因是多方面的，这就要求营销人员灵活应对，尽可能多地掌握处理顾客异议的方法。下面就介绍几种较常用的处理方法。

一、直接否定处理法

　　直接否定处理法是指推销人员根据事实，直接否定顾客异议的处理方法，也称反驳法。例如，顾客在不了解情况时提出"你们产品的售后服务太差劲了"的异议时，推销人员可直接回答："我们产品的售后服务情况还没有向您介绍，正好借这个机会向您介绍一下。我们公司在全国主要城市都建立了专门的维修站，没有维修站的城市也有我们的合作维修网点，全部是统一收费，配件也由厂家统一配送。此外，我们的售后服务热线 24 小时开通，顾客的任何问题都能在 48 小时内得到妥善解决或处理。您看这是我们的服务承诺和售后服务网点区域分布图，您所在地区的维修站点在这里……"

　　当顾客异议来源于误解、成见、无知或信息不足，而且该异议已成为推销顺利进行的关键障碍时，我们就应该采取直接否定的方法处理。直接否定法运用得当，不但不会伤害到顾客的自尊心，而且能让顾客感觉到坦诚和自信，增强他对推销人员和所销售产品的信心。但需要注意的是，直接否定法不要经常使用，只有当异议是偏见、误解或顾客不了解情况时产生，而且已影响到销售顺利进行时才可使用。如果频繁使用或者对一位顾客多次使用，会让顾客产生敌意，影响良好销售气氛的形成，给推销的进行带来阻力。此外，使用直接否定处理法时，推销人员要始终保持友好诚恳的态度，语气温和，耐心地用事实来证明顾客观点是不正确的，而不是在气势上、声音上压倒顾客。

案例 5-8

直接否定处理法的应用案例一

美国一位顾客向一位房地产经纪人提出购买异议。

顾客："我听说这房子的财产税超过了 1 000 美元，太高了！"

推销人员非常熟悉有关税收法令，知道这位顾客的购买异议并没有可靠的根据，于是有理有据地加以反驳。

推销人员："这房子的财产税是 618.5 美元。如果您不放心，我们可以打电话问一问本地税务人员。"

直接否定处理法的应用案例二

一位顾客正在试穿一件羊绒大衣。

顾客："为什么这件大衣的纽扣要用这种水晶扣而不用金属扣呢？看起来好像不是很协调，是为了便宜吧？"

推销人员："我理解您的意思，但这种纽扣可绝对不比金属的便宜，甚至要更贵一些。您看，这种羊绒大衣的料子非常娇贵，采用这种水晶扣不但能保护衣服不受刮擦，更能增加衣服的品位。您说是吧？"

直接否定处理法的应用案例三

顾客："网上代购比你们便宜哦。"

推销人员："哦，这样啊。我们公司是没有开展网上销售业务的，您所说的应该不是正规渠道出的货，这样质量和售后肯定比较难保证，在店铺买的话检查好再拿回去比较放心。"

课堂随笔

案例分析

直接否定法表明，有时直接陈列证据比过多的解释更有效。

二、间接否定处理法

间接否定处理法也称回避处理法或转折处理法，指推销人员根据有关事实和理由间接否定顾客异议的方法。使用间接否定法时通常有固定的句型，例如"……同时……""……如果考虑到……价格就不贵了"等。相比较直接否定处理法，间接否定处理法适用场合更广，而且不容易引起顾客的对抗心理，便于推销人员顺利介绍产品优势，阐明了自己不同立场的同时易于被顾客接受。使用间接否定处理法时，要注意尽量避免使用"但是""可是""然而"等带有明显转折意思的字眼，避免让顾客觉得转折出现得太直接、太明显，语气应尽量委婉。例如，顾客提出这台复印机操作不够简便时，推销人员就可以采用间接否定处理

法："这款复印机的操作方法是比其他复印机多一些，其实只要稍微花上 10 分钟的时间学习和试用一下，您就会发现它可以给您带来更多的便利与更高的效率，这也是我们产品的一大优势。在保证复印品质的同时，更多地考虑顾客的不同需要，切实节省使用者的时间，我给您示范一下，这一点您马上就会发现……"

使用间接否定处理法也有不足：推销人员没有直接否定顾客的异议，会使一些顾客增加对异议的信心，有时还会让顾客感觉到推销人员在闪烁其词，回避矛盾，不够可靠。因此在使用这种方法时应注意以下几点。

（1）因为没有直接解决顾客此前提出的异议，因此要选择正确的角度化解顾客异议，打消顾客疑虑。

（2）注意转折自然，理由充分。

（3）为新提出的营销重点或产品利益准备足够的信息和佐证，顺利消除顾客此前的疑虑。

案例 5-9

间接否定处理法的应用案例一

顾客提出推销员推销的服装颜色过时了，推销员可以这样回答："小姐，您的记忆力的确很好，这种颜色几年前已经流行过了。我想您是知道的，服装的潮流是轮回的，如今又有了这种颜色回潮的迹象。您选购了这件衣服，不只是顺应潮流，更引导潮流了呢。"

间接否定处理法的应用案例二

顾客在实体店买衣服时对商店服务提出异议。

顾客："你们那个试衣室的鞋子每个人都穿来穿去的，很不卫生，干吗不去弄那种一次性的袜套啊？"

课堂随笔

推销人员："哦，是这样啊，您的提议非常好，不过我们的品牌是提倡环保的，任何一种一次性的产品都不是很环保，它的后期处理会对环境造成影响。如果您觉得还是不能接受的话，可以穿自己的鞋。您看可以吗？"

案例分析

间接否定处理法既向顾客做出一定让步，也向顾客表达了自己的立场，便于顾客接受。

三、装聋作哑处理法

装聋作哑处理法是指推销人员在顾客提出一些不影响成交的反对意见或者故意刁难时，不予理睬、不予处理的方法。装聋作哑处理法，通常用于处理一些无关的异议或不易回答的异议，其好处是避免在无效的意义上浪费时间，将顾客的着眼点集中在推销的重点问题上。使用该方法时应注意，"装聋作哑"只针对该异议，而不能针对顾客，不能让顾客有被冷落的感觉。推销人员应迅速寻找机会与顾客进入新的话题。如果推销人员错误地判断了顾客异议的重要性，对于影响顾客购买决策的异议不予处理，就会阻碍成交，甚至失去推销机会，因此该方法应谨慎使用。

案例 5-10

涂料推销人员在向一位公司采购部经理进行推销活动。

顾客："你们公司生产的外墙涂料日晒雨淋后会出现褪色的情况吗？"

推销人员："经理，您请放心，我们公司的产品质量是一流的，中国平安保险公司给我们担保。另外，您是否注意到东方大厦，它采用的就是我公司的产品，已经过去 10 年了，还是那么光彩依旧。"

顾客："东方大厦啊，我知道，不过听说你们公司交货不是很及时。如果真是这样的话，我们不能购买你们公司的产品，它会影响到我们的工作。"

推销人员："经理，这是我们公司的产品说明书、国际质检标准复印件、产品价目表，这些是我们曾经合作过的企业以及他们对我们公司、产品的评价。下面我将给您介绍一下我们的企业以及我们的产品情况……"

课堂随笔

案例分析

从该案例中，我们可以知道采用装聋作哑法处理顾客异议，就是回避、忽视它，将顾客的注意力转移到其他问题上来。使推销人员避免在一些无关、无效的异议上浪费时间和精力，也避免发生节外生枝的争论，从而可以节省时间，提高工作效率。

四、回报补偿处理法

回报补偿处理法是指推销人员在坦率承认顾客指出的异议确实存在的同时，告诉顾客可以从推销品及其购买条件中得到另外的实惠，使涉及异议的损失得到补偿的异议处理方法。美国的约翰·温克勒在其所著的《讨价还价技巧》一书中指出：如果对方在价格上要挟你，就和他们谈质量；如果对方在质量上苛求你，就和他们谈服务；如果对方在服务上提出挑剔，就和他们谈条件；如果对方在条件上逼近你，就和他们谈价格。

约翰·温克勒这段话可以给我们以极大的启示。作为一名推销人员，没有必要为自己推销的产品存在一些缺点而犯愁，从而在顾客面前想方设法地掩盖这些缺点，这种行为恰恰是优秀的推销员所忌讳的。老练的推销员总是坦率地承认自己所推销的产品尚有些不尽如人意的地方，然后用产品的优点让顾客轻视甚至忘掉这些缺点，从而做出购买决定，这就是回报补偿处理法的核心思想。

使用回报补偿处理法时应注意以下几点。

（1）认真分析顾客异议及其根源，确定顾客异议的性质。当顾客属于理智型购买者，且提出的异议真实有效时，才可使用回报补偿处理法。

（2）应实事求是地承认与肯定顾客的有效异议，然后及时推出推销的重点，向顾客强调产品的优点。

（3）针对顾客的主要购买动机进行补偿。

案例 5-11

回报补偿处理法的应用案例一

刘大姐正在商场出口处推销一些断码的服装。

顾客："这些服装皱巴巴的，号码也不全，一看就是仓底货！"

刘大姐："这种产品的确是去年的尾货，所以我公司大甩卖处理，价格优惠了 50%，您不赶快挑，可真的没有您穿的尺码了；而且这件衣服拿回家烫一下，就是一件新衣服了！"

这样既打消了顾客的疑虑，又可以用价格优势激励顾客购买。

回报补偿处理法的应用案例二

在一次冰箱展销会上，一位打算购买冰箱的顾客指着不远处一台冰箱对身旁的推销员说："那种 Air 牌的冰箱和你们的这种冰箱同一类型、同一规格、同一星级，可是它的制冷速度要比你们的快，噪声也小一些，而且冷冻室比你们的大 12 升。看来你们的冰箱不如 Air 牌的好呀！"

推销人员："是的，您说得不错。我们冰箱噪声是大点，但仍然在国家标准允许的范围以内，不会影响您家人的生活与健康。我们的冰箱制冷速度慢，可耗电量却比 Air 牌冰箱小得多。我们冰箱的冷冻室小但冷藏室很大，能储藏更多的食物。

课堂随笔

您一家三口人，每天能有多少东西需要冰冻呢？再说，我们的冰箱在价格上要比 Air 牌冰箱便宜 300 元，保修期也要长 6 年，我们还可以上门维修。"顾客听后，脸上露出欣然之色。

案例分析

运用回报补偿法时一定要让顾客明白，他将得到什么，而不是失去什么。

五、举证劝诱处理法

举证是理智的劝诱，劝诱是针对客户情感的说服艺术，因此，举证劝诱可以说是情感与理智双管齐下的异议化解技巧。以货源异议为例，凡是规模较大、组织系统较完善的企业，因其采购的物资复杂多样，各种产品规格要求很严，对于供货厂商的选择也非常慎重，一般不太愿意与那些小型企业进行业务往来。因此，许多小厂的营销员要想向大厂营销其产品，必然备受挑剔，困难重重，非经一番全力说服，很难为对方接受。有些营销员总想以低价优惠来吸引大厂商，用高额回扣来抓住对方，结果适得其反。因为大型企业总是对经济信息的采集与企业形象的塑造十分注重，它们平时对市场供求的分析考察也十分完备，小厂的营销人员若过分降低价格以求得订货，不但不能激起对方的购买欲望，反而会增加客户对产品质量的怀疑。因此，营销人员与其想以此获得成交，不如先举出证据来说明产品质量的优秀与企业实力的可靠程度，以获得顾客的认可与信任，否则会被对方拒之门外。

从营销经验来看，厂商为求得采购的安全和方便，对于供货单位与业务合作伙伴必定要进行一番周密的考察评估。所以，他们对于从未有过业务往来的陌生厂家，都会提出一些较为冷漠的问题，如"从没听说过贵厂产品""贵公司在我们的采购历史上，好像从未被列入有关客户档案里""我们只与名厂名店打交道，至于你们这样的小厂，暂不考虑订货"。对于此类不同意见，营销员不必临阵怯场，早早打退堂鼓。如果碰到这样的客户，不妨采取以下一些措施。

（1）提供己方的实力信息与产品成套资料。

（2）要求对方首先试用所营销的产品。

（3）主动提出质量保证措施和赔偿担保证明。

（4）劝说顾客实地赴厂参观考察。任何厂商不论其实力强弱、生产规模大小，只要能获得大型企业的供应资格和能力证明，便能取得其他厂商与众多客户的充分信赖。

147

六、转化处理法

转化处理法亦称利用处理法、反戈处理法，是指推销人员利用顾客异议中有利于推销成功的因素，并对此进行加工处理，转化为自己观点的一部分去消除顾客异议，说服其接受推销。

转化法是一种有效的处理顾客异议的方法。这种方法是"以子之矛，攻子之盾"，推销人员改变了顾客异议的性质和作用，把顾客拒绝购买的理由转化为说服顾客购买推销品的理由，把顾客异议转化为推销提示，把成交的障碍转化为成交的动力，不但有针对性地转变了顾客在最关键问题上的看法，而且使之不再提出新的异议。这种方法，推销人员直接承认、肯定了顾客意见，在此基础上转化顾客异议，这样可以保持良好的人际关系和洽谈气氛。

但是，如果这种方法使用得不当，反而会给推销工作带来麻烦。因为，推销人员是直接利用顾客的异议进行转化处理的，会使顾客感到有损自尊，产生一种被人利用、愚弄的感觉，可能会引起顾客的反感甚至恼怒，也可能会使顾客失望而提出更难解决的异议。

案例 5-12

转化处理法的应用案例一

推销人员在商场门口推销化妆品，她向一个从身边经过的顾客进行推销。

顾客："对不起，我很忙，没有时间和你谈话。"

推销人员："正因为您忙，您一定想过要设法节省时间吧，我们的化妆品5分钟就能完成一个淡妆，能为您节省很多化妆时间，我帮您试试，好吗？"这样一来，顾客就会对推销人员的产品留意并产生兴趣。

转化处理法的应用案例二

一位中年女士来到化妆品柜台前，欲购护肤品，推销人员向她推荐一种高级护肤霜。

顾客："我这个年纪买这么高档的化妆品干什么，我只是想保护皮肤，可不像年轻人那样要漂亮。"

推销人员："这种护肤霜的作用就是保护皮肤的。年轻人皮肤嫩，且生命力旺盛，用些一般的护肤品即可。人上了年纪皮肤不如年轻时，正需要这种高级一点的护肤霜。"

课堂随笔

案例分析

转化处理法利用顾客异议中有利于推销成功的因素，将其加工转化为自己观点的一部分，有利于消除顾客异议，说服其接受推销。

任务小结

听完大雄主管滔滔不绝的经验介绍，小紫和小蓝感觉又有了新的认识。顾客的异议虽然多种多样，但化解顾客异议的方法也是千变万化的，他们又一次感觉到营销真的是一门科学，需要学的知识还有很多。另外，营销也是一门艺术，要想做好，就要多思考、多实践、多反思、多总结。时针指向晚上9点，三个人是谈者高兴，听者认真，连晚饭都省下了。小紫说："真抱歉，大雄主管，不仅没让您及时回家，到现在还没吃上晚饭。这周我提了新车，请大家吃夜宵。"

课堂活动

活动一 分组实践，处理顾客异议

1. 活动目的

提高学生处理顾客异议的能力。

2. 活动内容和步骤

模拟销售环境，处理顾客异议。

（1）教师布置任务。教师向各小组布置实践任务：小组成员轮流扮演推销人员和顾客，分别进行情景模拟。重点侧重于异议处理过程。

模拟场景

推销人员："您好，这款产品刚刚上市，它的销售价格比其他同类产品更具竞争力……"

顾客A：这款产品与旧款相比，功能没多多少，但价格却涨了不少啊！

顾客B：听说质量不是很好，返修率很高。

顾客C：我的朋友给我推荐的那款，功能比你这款要多点。

顾客D：我上次买过你们公司的产品，送货时间足足迟了一周。

（2）小组讨论与评价。

① 小组讨论主题：思考上述顾客异议背后的真正原因，给推销人员提供应对策略。

② 形成处理方案并填写在表5-3中。

表5-3 顾客异议及应对策略

顾客异议	可能原因	异议类型	应对策略
A			
B			
C			
D			

③ 小组现场演示，其他小组评价与讨论。

活动二　角色扮演——理智处理顾客异议

1．活动目的

使学生学会理智处理顾客异议。

2．活动内容和步骤

（1）情景如下：

小张是一名烟草公司的送货员。一天，他送完货回到公司后，正在整理工作日记及台账，突然手机响了。于是他一边继续工作，一边拿起手机问道："喂，你好！你哪位？"可是对方的话语吓了他一跳："你是送货的吗？"小张说"是"，"你怎么给我送假烟，你们烟草公司号称要讲诚信，背后却掺杂假烟，你是看我好欺负是不是？今天你不给我说清楚，我对你不客气，我要投诉……"

（2）派2~3名同学上台演示上述情景，并采用所学知识处理顾客异议。

（3）其他同学进行点评。

思考与练习

一、判断题

1．顾客异议是推销人员经常面对的销售活动障碍，推销人员处理顾客异议贯穿整个销售过程。　　　　　　　　　　　　　　　　　　　　　　　　　　　（　　）

2．顾客异议是客观存在的，表现了顾客真实的想法。　　　　　　　（　　）

3．顾客异议来源于顾客方面和产品方面。　　　　　　　　　　　　（　　）

4．产品价格异议是指顾客认为产品价格偏高而提出的异议。　　　　（　　）

5．永不争辩就是要求推销人员接受顾客异议，不与顾客争吵。　　　（　　）

6．用直接否定法处理顾客异议时，会伤害顾客自尊心，所以要避免使用。（　　）

7．回报补偿处理法是以全部接受顾客异议为前提的。　　　　　　　（　　）

8．装聋作哑处理法，适宜在一些不影响成交的反对意见或是顾客故意刁难时使用。　　　　　　　　　　　　　　　　　　　　　　　　　　　　　　（　　）

9．推销人员在使用举证处理法时，向顾客展示的证据越多越好。　　（　　）

10．在间接否定顾客异议时，应尽量避免使用"但是"等转折意味生硬的转折词。　　　　　　　　　　　　　　　　　　　　　　　　　　　　　　　（　　）

二、单选题

1. 顾客异议是成交的障碍，但它也表达了这样一种信号，即顾客对推销品（　　　）。

    A．愿意购买　　　　B．不满意　　　　C．产生兴趣　　　　D．没有兴趣

2. 顾客提出别的商品价格更实惠，属于（　　　）异议。

    A．顾客需求　　　　B．产品质量　　　　C．推销人员　　　　D．产品价格

3. 在处理顾客异议时不正确的做法是（　　　）。

    A．适当重复顾客异议　　　　　　　B．不理不睬

    C．倾听　　　　　　　　　　　　　D．认真分析

4. 顾客说："这种盘子太轻了！"推销员说："这种盘子的优点就是轻便，这正是根据女性的特点设计的，用起来很方便。"这种异议处理方法称为（　　　）。

    A．转化处理法　　　　　　　　　　B．直接否定处理法

    C．回报补偿处理法　　　　　　　　D．间接否定处理法

5. 下列异议中真实有效的是（　　　）。

    A．你们工厂的位置太偏了　　　　　B．我不需要

    C．上次你们送货比较迟　　　　　　D．我现在很忙

6. 当顾客异议来源于误解、成见、无知或信息不足的情况，而且该异议已成为阻碍推销顺利进行的关键障碍时，我们应该采取（　　　）处理。

    A．直接否定法　　　B．间接否定法　　　C．装聋作哑法　　　D．回报补偿法

7. （　　　）是指推销人员在坦率承认顾客指出的异议确实存在的同时，告诉顾客可以从推销品及其购买条件中得到另外的实惠，使涉及异议的损失得到补偿的异议处理方法。

    A．直接否定法　　　B．间接否定法　　　C．装聋作哑法　　　D．回报补偿法

8. "对不起，请再派一名营销顾问过来。"该异议属于（　　　）。

    A．需求异议　　　B．价格异议　　　C．推销人员异议　　D．产品异议

9. "我听说，这款汽车的蓄电池使用寿命很短。"针对此异议，推销人员宜使用（　　　）处理。

    A．回报补偿法　　　B．证据处理法　　　C．装聋作哑法　　　D．有效类比法

10. 针对顾客异议，劝说顾客实地赴厂参观考察属于（　　　）。

    A．直接否定法　　　B．举证劝诱法　　　C．间接否定法　　　D．有效类比法

三、多选题

1. 顾客产生异议的原因包括（　　　）。

    A．顾客方面　　　B．产品方面　　　C．推销人员方面　　D．其他方面

推销实务（第 2 版）

2. 产品异议主要包括（　　）。

    A. 价格　　　　　　　B. 质量　　　　　　　C. 造型及款式　　　D. 品牌

3. 推销人员异议主要包括（　　）。

    A. 形象　　　　　　　B. 沟通　　　　　　　C. 信誉　　　　　　　D. 职位

4. 正确处理顾客异议的策略包括（　　）。

    A. 事先充分准备　　B. 灵活应对　　　　　C. 不与顾客争辩　　D. 尊重顾客

5. 以下顾客异议处理方式中，推销人员需要慎重使用的是（　　）。

    A. 回报补偿法　　　B. 直接否定法　　　　C. 间接否定法　　　D. 装聋作哑法

项目六

该出手时就出手——促成交易

导入案例

推销员小李在下午 4 点左右见到了一名家庭主妇，她正在准备晚餐，小李向主妇推销压力锅。正当小李头头是道、口沫横飞地说明压力锅的优点，还没来得及使出最后一招推销动作之时，却被门铃声打断了思路——孩子放学回家了，主妇需要马上准备晚餐，小李只好悻悻地离开。

晚餐过后，主妇和丈夫坐在客厅里看电视，主妇向先生提及下午推销员推销压力锅的事情："我觉得那个高压锅十分好用而且价格又公道，我实在非常喜欢，真想买一个。"这时丈夫疑惑地问她："既然你这么喜欢，为什么不马上买下来呢？"太太说："我一直在等他要求我买，可是那位推销员自始至终都没有开口问我要不要买一个来用。"

案例思考

（1）案例中的小李为什么没有促成交易？

（2）小李应该如何利用成交的基本策略促进成交？

任务一　促成交易的基本策略

今天小紫没有出去拜访客户，一个人坐在办公室里翻看杂志。大雄推门进来，看到一筹莫展的小紫，关切地问道："发生什么事情了？"小紫委屈地说道："前几天拜访客户时，我向他们介绍商品，处理异议时感觉挺好，可总是不能顺利地达成交易，问题出在哪里了呢？"听了小紫的诉苦，大雄善意地劝她："别着急，我们来一起分析一下吧。"

一、排除成交障碍

成交过程的心理障碍有以下几方面。

（1）害怕被拒绝。

成交的障碍主要来自两个方面：一是顾客异议，二是推销人员的心理障碍。推销人员心理上的一些障碍，会直接影响最终的成交。很多推销人员或多或少对成交有恐惧感，怕听到"我不要"或"我考虑考虑"，也担心客户说"你把材料留下来，我有机会再跟你联络"。因此，推销人员必须克服恐惧心理，加强心理训练与培养，敢于不断提出成交请求。即使在提出试探性成交后遭到否决，还可以重新推荐商品，争取再次成交，相信付出的推销努力一定会得到回报。

（2）等客户先开口。

王红是一个害羞的女孩，从事保险业务以来，每次与客户特别是亲戚、朋友进行业务洽谈时，即使时机已经成熟，她也不好意思开口要求对方把订单签下来。因为她害怕这样会引起他们的反感，好像自己的目的只是签单而已，而她的客户则一直等着她开口。所以很多业务就这样一直拖着，迟迟没有结果。

其实，有许多推销员都有这样的心理，由于害怕遭到客户的拒绝，而不敢诱导客户做出购买决定。他们只是希望在业务洽谈时，客户会突然打断他的谈话，兴高采烈地表示愿意购买。而如果客户不声不响，无所表示，推销员就会不知所措，以为时机还不成熟，因此直接或间接地把成交的大好时机白白错过了。

（3）放弃继续努力。

如果客户说"我考虑一下"，你就放弃了，那就会前功尽弃。因此，在签订销售合同或者是现款现货的交易中，一些推销员的不良心理倾向就会阻碍成交，所以必须克服这种心理。

案例 6-1

著名保险推销经理于文博先生曾多次向他的一位朋友介绍保险，但他的朋友一直没有购买。于文博先生有一次就对他的朋友说："如果哪一天你不幸去世了，我不会去参加你的追悼会。"朋友听了很生气："为什么？咱们这么多年的关系，你怎么如此不够意思呢？"于先生说："大家都知道我是做保险的，又是你多年的好朋友，这样的好事情没有向你介绍，而使你不幸之后家属不能得到足够的保险费，不能像你活着的时候一样有足够的钱安稳地生活，大家一定会责怪我不够朋友的。而我已经向你介绍过许多次了，只是你没有投保而已。你说，我去干什么？受大家的责骂吗？"朋友听了很感动，最后终于为自己买了一份保险，也为家人买了一份保障。

课堂随笔

案例分析

想想看，如果于文博先生面对朋友的一次拒绝就退缩不前，那么他就永远也不可能签订这份保单。面对客户的拒绝我们是应该退缩不前还是应该毫不气馁呢？

黎明前的黑暗是最黑暗的时候，只要度过这一段时间，光明就在眼前。在推销过程中，进入最后促成的阶段，是最多人放弃的时候，不是成交不了，而是放弃了成交的果实，没有坚持到最后。因此，你应该常常告诉自己"我是最棒的""我能成功"。

知识链接

克服心理恐惧的常用招数

第一招：面对更多的人说话。

这是一种非常基础的招数，很多推销人员一见到很多人就会感到紧张，甚至说不出话来。因此，在很多人（20人以上）面前详细并有感情地陈述一件事情是十分有效的锻炼方式。

第二招：拦截推销。

拦截推销是指让推销人员去推销根本不可能销售出去的产品，以增强其勇气。

第三招：强制性拜访。

安排推销人员进行强制性拜访，规定好拜访的强度和数量，同时规定必须完成的几项任务，并需要取得相应的证明。

总之，恐惧是每个正常人都会有的心理反应，但作为推销人员来说，却是天敌！很多推销人员是由于有心理障碍才不能出成绩。但实际原因是，推销人员往往太注重技能的训练，却不太重视心理素质的训练。如果能有效克服自尊和恐惧的影响，40%以上推销员的业绩会得到大幅度提高。

二、把握顾客的购买信号

案例 6-2

一次失败的促成对话

电话销售人员："您好，我是凯达公司的推销员小王。"

客户："你好，有什么事吗？"

电话销售人员："我们公司主要销售办公设备，现在有一款非常适合家用的传真机。您个人需要一台家用传真机，是吗？"

客户："是的。"

电话销售人员："我为您介绍的这款 S-1 型，它可以自动进出纸，同时具有来电显示、呼叫转移的功能。"

客户："哦！那它可以进行无纸接收吗？"

电话销售人员："是的，可以。这一机型体积小，安装方便，非常适合家庭使用。"

客户："听起来不错，那价格是多少？"

电话销售人员："1 200 元。这个价格是很合理的。"

客户："那你们产品的售后服务怎样？"

电话销售人员："我们的售后服务非常健全，产品在买回家后如果出现问题，一个月内包换，一年内保修。同时，在全国 22 个大中城市都有我们公司的售后服务处，您可以放心购买。"

客户："支付方式是怎样的？"

电话销售人员："您可以把款直接打到我们的账户上，或者是通过邮局汇款，这两种方式您可以随意选择。"

客户（沉默）。

电话销售人员："我们的产品，不论从质量还是价格上来说，在目前市场上都极有优势。"

客户："我觉得你们的价格还是偏高。"

电话销售人员："可是……"

课堂随笔

案例分析

在这个案例中，电话销售人员无疑是非常失败的。客户多次表达了成交兴趣，给出了购买信号，电话销售人员却没有及时把握。虽然我们要求电话销售人员不要随心所欲地臆测客户的心理，以赢得客户的信赖，但是另外一个方面，电话销售人员也要听得懂客户的弦外之音。和谐的谈话都是建立在彼此真诚的基础之上的，客户的真诚，我们要懂得把握，这样才能抓住最佳时机。

推销实务（第 2 版）

所谓成交信号是指顾客在语言、表情、行为等方面所泄露出来的打算购买推销品的一切暗示或提示。顾客表现出来的成交信号主要有表情信号、语言信号、行为信号等。

1. 表情信号

小游戏

看图猜猜这些表情说明了什么？

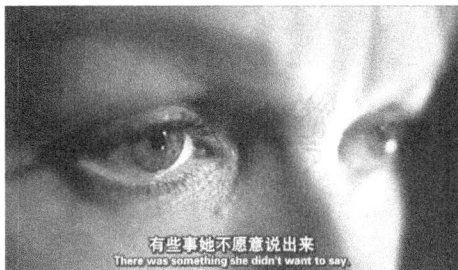

（眨眼）

说某事的时候，飞快地眨眼，说明她隐瞒了一些事情

（屏住呼吸）

表示紧张，心烦意乱，或者有事情瞒着别人

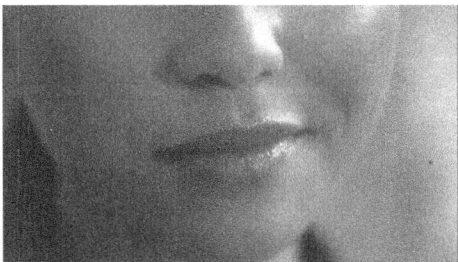

（嘴角上扬表示轻蔑和厌恶）

潜台词：傻了吧 / 活该等

（男人挠鼻子表示试图掩饰某事）

原因：男人鼻子上有海绵体，想掩饰的时候就会痒

表情信号是从顾客的面部表情和体态中所表现出来的一种成交信号，如在洽谈中面带微笑、下意识地点头，表示同意推销人员的意见、对产品不足表现出包容和理解的神情、对推销的商品表示感兴趣和关注等。

例如，一位保险推销员在给顾客讲述一个充满感情的、很有说服力的第三者，因为购买保险而从灾难中得到补偿的故事时，竟让对方忍不住双目含泪。这个信号非常清晰地告诉推销人员，顾客是非常有同情心并且关注自己的家庭成员的。也就是说，这个信号为推

销员销售保险产品提供了宝贵的线索和方向。

顾客的语言、行为、表情等表明了顾客的想法。推销人员可以据此识别顾客的购买意向，及时地发现、理解、利用顾客所表现出来的成交信号，促成交易。把握成交时机，要求推销人员具备一定的直觉判断力与职业敏感度。一般而言，下列几种情况可视为促成交易的较好时机。

（1）面部表情突然变得轻松起来，紧皱的双眉舒展开。

（2）露出惊喜的神色，说道："真的很便宜哦！"

（3）露出微笑或欣赏的神情。

（4）双眉上扬。

（5）眼睛眨动加快。

（6）态度更加友好。

2．语言信号

语言信号是指顾客通过询问使用方法、价格、保养方法、使用注意事项、售后服务、交货期、交货手续、支付方式、新旧产品比较、竞争对手的产品，以及交货条件、市场评价、说出"喜欢"和"的确能解决我这个困扰"等话语表露出来的成交信号。以下几种情况都属于要成交的语言信号。

（1）表示肯定或赞同，例如，"是，你说得对""我们目前确实需要这种产品"。

（2）请教产品的使用方法，例如，"产品看起来是不错，但我不知道使用和保养方法""用起来方便吗"。

（3）打听有关产品的详细情况，例如，"如果产品出现故障，你们派人上门维修吗"。

（4）提出购买的细节问题，例如，"一周之内能送货吧"。

（5）提出异议，例如，"价格太贵了，能否再优惠一些"。

（6）与同伴议论产品，例如，"你看怎么样"。

（7）重复问已经问过的问题，例如，"对于我刚才提出的问题，你能否再详细解释一下"。

（8）问"假如……"的问题。

3．行为信号

由于人的行为习惯的影响，顾客经常会有意无意地从动作行为上透露一些对成交比较有价值的信息，这就是行为信号。当有以下信号发生的时候，推销人员要立即抓住良机，勇敢、果断地去试探，引导客户签单。

成交的行为信号体现在以下几方面。

（1）由静变动。顾客由原先不动声色地听推销员介绍，转为动手操作产品、翻动产品、频频点头、细看产品说明书与合同书等。

（2）由紧张变轻松。顾客由原来细心听推销员的介绍，身体前倾并靠近推销人员和产品，变为放松姿态，或者身体向后仰，或拨弄头发，或做其他舒展动作，这些情绪化的动作变化表明了顾客的内心成交意愿。

（3）由单方面动作变为多方面动作。表现为：顾客由远到近，由一个角度到多个角度观察产品，仔细触摸产品，再次翻看说明书、合同书等。

（4）有签字倾向的动作。如顾客开始找笔、摸口袋，甚至是靠近订货单、拿订货单看。

成交的事态信号体现在：向推销人员介绍有关购买的其他人员；提出变更推销程序；改变洽谈地点与环境，由会议室、大办公室转移到小房间或私人房间；对推销人员的态度更友好并安排食宿；乐于接受推销人员的约见；等等。

在实际推销工作中，顾客为了保证实现自己所提出的交易条件，取得交易谈判的主动权，一般不会首先提出成交，更不愿主动、明确地提出成交。但是顾客的购买意向总会通过各种方式表现出来，对于推销人员而言，必须善于观察顾客的言行，捕捉各种成交信号，及时促成交易。

【情景体验】

在班级中组织 2～4 名同学进行一次模拟推销活动。

请同学思考：

（1）"顾客"的哪些言行举止是购买信号？

（2）"推销人员"是如何与有购买意向的"顾客"进行沟通的？

（3）如果你是推销人员，将如何与顾客进行沟通，以促成交易？

思考：

顾客在洽谈过程中通常会表现出哪些反常行为？

（1）突然改变坐姿。

（2）下意识地举起茶杯或下意识地摆弄钢笔、手表等。

（3）眼睛盯住产品说明书、样品或长时间沉默不语。

（4）身体靠近销售人员。

（5）询问旁人的意见。

【小测验】

如果你是中高级住宅的推销员，根据你自己的经验和看法，下面哪些不是推销洽谈中的购买信号？

A. 顾客索取并阅读有关部门的证明文件

B. 顾客提出有关价格异议

C. 顾客问推销员有完没完

D. 顾客抱怨住宅的外观设计缺乏品位

E. 顾客要求推销员留下联系电话

F. 顾客详细询问价格和付款条件

【答案】CD

三、预防第三者搅局

如果在与准顾客接近成交的节骨眼上，突然冒出来一个第三者，往往会给推销工作增加难度。要是这位不速之客不熟悉或者不欣赏推销人员所推销的商品，准顾客又向其征求意见时，十有八九会使生意告吹。这是否意味着顾客并不需要推销人员所推销的商品呢？也许有人认为这正是推销员采取强硬推销策略的必然结果，不管是否存在第三者的"鼓动"，只要顾客真正能够从推销品中受益，有助于解决顾客所面临的问题，顾客是不会轻易改变主意的。但事实上在顾客购买某些产品时，准顾客购买的"天平"本来就非常敏感，稍微有点"风吹草动"就可能使准顾客改变主意。因为人们天生就有拒绝接受新生事物的倾向，排他性是一种惯性思维定式。有鉴于此，推销人员应尽量在没有别人干扰的情况下与准顾客成交，防止可能的第三者"横加干涉"。为了防止顾客受到其他人的影响，推销人员可以对准顾客说："咱们找个清静的地方谈吧！"以防患于未然。

四、因势利导，诱导顾客主动成交

诱导顾客主动成交就是要设法使顾客主动采取购买行动，这是成交的一项基本策略。一般而言，如果顾客主动提出购买，说明推销人员的说服工作十分有效，也意味着顾客对产品及交易条件十分满意，以致顾客认为没有必要再讨价还价，因而成交非常顺利。所以在推销过程中，推销人员应尽可能地引导顾客主动购买产品，这样可以减少成交的阻力。

通常，人们都喜欢按照自己的意愿行事。在自我意识的作用下，对于别人的意见总会下意识地产生一种排斥心理，尽管别人的意见很对，也不乐意接受，即使接受了，心里也会感到不畅快。因此，推销员要采取适当的方法与技巧来诱导顾客主动成交，并使顾客觉得购买行为完全是其个人的主意，而非别人强迫。这样在成交的时候，顾客的心情就会十分轻松和愉快。

五、关键时刻亮出"王牌"

当有一定把握看到准顾客准备签订合同，但由于对产品仍有疑虑、犹豫不决时，推销人员应该亮出"王牌"，"重拳"出击，掌握主动权，彻底摧毁准顾客的心理防线，使之签订"城下之盟"。但王牌的使用是要讲究策略的，应该在推销的关键时刻亮出来，比如推销员可以在顾客犹豫时说："我忘记告诉您了，为了表明我们与贵公司合作的诚意，第一笔生意的运费由我们来承担。"这要求推销员要有保留地介绍成交条件，不要一口气把全部有价值的宣传要点都用完，"弹尽粮绝"之时也就是"坐以待毙"之日。

知识链接

顶尖推销人员必备的四张王牌

（1）明确的目标：到哪里去？

可以不知道自己从哪里来，但是一定要知道自己到哪里去。每个人都应有明确的目标，但是如"我要变成一名顶尖人士""我想赚很多很多钱"这样的目标并不是真正意义上的目标。目标一定要可以量化、可以实现，具有一定的挑战性，而且是可行的。如果没有设定目标，就很难成为一名顶尖的推销人员。顶尖的推销人员都会设定目标，而且会把目标进行分解。例如，在 5 年内赚 100 万元，并规定自己每年、每月、每星期、每天实现多少，如何去实现。

（2）顶好的心情：没有热情你能打动谁？

在日常生活中，也许我们最能体会"情绪是会被感染的"这句话了。你快乐，所以我快乐。因此，要想成为一名顶尖的推销人员，一定要以好心情去面对每一位顾客。如果推销人员没有热情，就不能打动顾客，销售业绩必然难以提升。

（3）专业的表现：赢得他人的认同与信赖！

所谓专业的表现，就是能够赢得他人的认同与信赖的行为。作为一名推销人员，去访问客户的时候，你的外表，你所带的资料、合同、演示工具都是经过精心准备的吗？成功在于时时刻刻都有所准备，不要浪费每一次客户所给的机会。如果推销人员在访问客户时形象邋遢，或者客户需要的资料忘记带来，如此不专业的表现，怎能让客户认为面对的是这一领域的专家，又怎能让客户认同产品和服务呢？

（4）大量的行动：拒绝等待，活在当下！

以给客户寄贺卡为例。有些推销人员计划给客户寄贺卡，但是圣诞节忘记了，于是打算推迟到春节再寄，可是春节又忘记了，于是推迟到元宵节再寄，这样推来

推去，最后不了了之，或者挑了一个不适宜的时机。例如，清明节将贺卡寄过去，此时客户收到贺卡，也许感受到的不是祝福，而是一种不愉快的感觉。如此行事，怎能拉近与客户之间的关系？乔治·吉拉德一年要寄16.8万张贺卡，对比反思一下自己，是否采取了行动？作为一名推销人员，应该时刻带足名片，捕捉任何机会与人交流，因为任何一个人都有可能成为客户。唯有行动，才能赢得客户。

在销售工作中，人是最关键的因素，而推销人员的工作态度则是产生销售差异的主要因素之一。顶尖的推销人员有工作动力的源泉、自我肯定的态度、成功的渴望和坚持不懈的精神。顶尖的推销人员还有四张必备的王牌：明确的目标、快乐的心情、专业的表现、大量的行动。有了这四张王牌，就会成为一名有动力、有自信、有理想、有知识、有行动的推销人员，一定会获得成功之神的青睐。所以，应从现在开始培养自己这四种态度，打造自己的四张王牌，为成为一名顶尖推销人员时刻准备着！

六、有碍终结成交的言行举止

1. 惊慌失措

由于终结成交的成功即将到来，销售人员表现出微汗、颤抖等神经质动作，会使客户重新产生疑问和忧虑。如果客户因此失去信心，那你会失去客户的信赖和订单。

2. 多言无益

既然已经准备终结成交，说明客户的异议基本得到满意的解释。在此关键时刻应谨听慎言，以避免因言多语失导致客户提出新的异议，而成交失败。

3. 控制兴奋的心情

一般来讲，经过努力而获得成功是件令人兴奋不已的事情，但在硕果将出之时，喜怒不形于色是非常重要的。讨价还价后签约是销售过程的一部分，此时过于兴奋可能会使客户产生不良感受。尤其是新的销售员，如此时得意忘形，那无异于自酿苦酒。

4. 不做否定性的发言

终结成交的时刻，应向客户传达积极的消息，使之心情舒畅地签约。

5. 光荣引退

终结成交后，不要继续长时间留在客户处闲聊不走，以避免夜长梦多，应迅速离去。即使失败，也要不失体面地向客户道谢告别，以利于再造访客户时不致产生尴尬局面。总之终结时，应牢记以上诸点，善始善终，方能大获全胜。

163

七、做出最后的推销努力

在推销洽谈似乎要以失败告终时，推销员仍不要放弃推销，最后的成交机会始终是敞开着的，很多时候都能"峰回路转""柳暗花明"。因为此时顾客紧张的压力已经得到充分的释放，心理上如释重负，心情变得愉悦，甚至对"可怜"的推销员产生了一点同情心。因而，推销员在收拾样品准备离开时，应该抓住最后的成交机会，放慢整理样品的动作，有意无意间露出一些未曾向顾客介绍过的样品，以引起准顾客的注意和兴趣，以此开始一次新的努力。如此一来，很可能会装着订单回去。

任务小结

通过学习，小紫明白了该如何正确把握顾客的购买信号，怎样在关键时刻亮出"王牌"，尝试做最后的推销努力。

课堂活动

活动一　掌握正确的沟通方法

1．活动目的

倾听与回馈是人际沟通中互动的重要环节，掌握正确的倾听与回馈方法是有效沟通的关键环节。此活动的目的：一是学习人际沟通的基本技巧——倾听与回馈；二是在活动中体会"倾听"与"回馈"在人际沟通时所产生的效果。

2．活动内容和步骤

（1）3人一组，未满3人者，则分派到其他组，成4人一组。

（2）每组的3人（或4人）轮流充当说话者（一次一人），每个倾听者（一次一人）与观察者（1～2人）皆必须分别当过3种角色，体会每种角色的立场与感觉。

（3）3种角色的任务如下。

说话者：在5分钟内主动引发各种话题。

倾听者：只扮演听与响应的角色，不主动引发任何话题。

观察者：不介入说话者与倾听者的对话，只负责观察对话情形。

（4）分组讨论。

① 充当说话者与倾听者时，各有什么感受？

② 作为观察者，详细说出观察到的情形。

③ 每人皆当过3种角色后，对比起来有什么不同感受？有什么启示？

活动二　读懂商务沟通中的肢体语言

1．活动目的

在商务活动中，人与人的交流是两方面的：一方面是语言的，另一方面是非语言的。有时候非语言传达的信息比语言的还要精确。此活动的目的是使学生学会捕捉肢体语言，注意戒除自己那些不招人喜欢的动作或表情。

2．活动内容和步骤

（1）将学生分为2人一组，进行2～3分钟的交流，交谈的内容不限。

（2）当大家都停下来以后，同学们彼此说一下对方有什么非语言表现，包括肢体语言或表情，比如有人老爱眨眼，有人会不时地撩一下自己的头发。问做出这些动作的人是否意识到了自己的行为。

（3）让大家继续讨论2～3分钟，但提示不要有任何肢体语言，看看与前一次有什么不同。

（4）分组讨论。

①在第一次交谈中，有多少人注意到了自己的肢体语言？

②对方有没有什么动作或表情让你觉得不舒服？你是否把这种情绪告诉了他？

③当你不能用你的动作或表情辅助你说话时，有什么样的感觉？是否会觉得很不舒服？

任务二　促成交易的具体方法

小紫和小蓝上班已经有些日子了，从最初的懵懵懂懂，到现在对推销已经有了自己的感悟。今天他们又遇到了新问题：和客户见面已经几次了，感觉客户似乎有成交的意向，可是怎么进一步推进，最终成功签约呢？有没有什么具体的方法可以用呢？带着这些问题，他们来到了销售经理佳敏的办公室，虚心向前辈请教。

一、请求成交法

1．请求成交法的适用情况

（1）老客户。例如："老张，最近我们生产了几种新口味的冰淇淋，您再进些货，很好销的！"

（2）顾客已发出购买信号。顾客对推销品产生了购买欲望，但还未拿定主意或不愿主动提出成交时，推销人员宜采用请求成交法。例如：一位顾客对推销人员推荐的空调很感

兴趣，反复地询问空调的安全性能、质量和价格等问题，但又迟迟不做出购买决定。这时推销人员可以用请求成交法，"这种空调是新产品，非常实用。现在厂家正在搞促销活动，享受8折的优惠价格，如果这时买下，您还会享受终身的免费维修，这些一定会让您感到满意的。"

（3）在解除顾客存在的重大疑虑后，推销人员可趁机采用请求成交法，促成交易。例如："您已经知道这种电热水器并没有您提到的问题，而且它的安全性能更好，您不妨就买这一型号的，我替您挑一台，好吗？"

2．请求成交法的优点

（1）可有效地促成交易。

（2）可充分利用各种成交机会。

（3）可节省时间，提高推销工作效率。

3．请求成交法的缺点

（1）可能对顾客产生成交压力，破坏成交气氛。

（2）可能失去成交控制权，造成被动局面。

（3）可能引起顾客反感，产生成交异议。

案例 6-3

一位中年女士对销售人员推荐的家用电磁炉很感兴趣，反复询问它的安全性能和价格，但又迟迟不做购买决定。这时，销售人员用请求成交法帮助她做出购买决定："这种电磁炉既安全、实用，又美观大方，价格上可以给您九折优惠，买下它吧，您一定会感到非常满意的。"最终，女士购买了该电磁炉。

案例分析

销售人员成功地处理了顾客的所有异议，抓住了成交的有利时机，并及时提出成交要求，最终达到了加快交易的效果。

课堂随笔

推销员要把握好请求时机，请求时要神态自若，还要适当运用请求后的沉默时间，察言观色，适时做出快速反应。

二、假定成交法

假定成交法是推销人员在假定顾客已决定购买商品的基础上展开推销努力的一种成交

方法。

1．假定成交法的适用情况

（1）必须善于分析顾客，对于依赖性强的顾客、性格比较随和的顾客，或老顾客可以采用这种方法。

（2）必须在已发现成交信号、确信顾客有购买意向后，再使用这种方法。

（3）使用前尽量先用自然、温和的语言，创造一个轻松的推销气氛。

2．假定成交法的优点

（1）它将会谈直接带入实质性阶段，从成交意向变成行动。

（2）可以缩短时间，提高成交概率。

（3）和请求成交法相同，它使顾客不得不做出反应。

3．假定成交法的缺点

（1）如果成交信号把握不准，将会适得其反。

（2）推销员会给人强势的感觉，破坏推销气氛。

案 例 6-4

美国一家石油公司聘请了一位销售专家做顾问。销售专家到加油站考察时，加油站的员工手里拿着油枪，对前来加油的汽车司机说："先生，加多少？"

销售专家说："停！你这个问法不对，应该说：'先生，给你加满吧？'司机开车来加油站，就是来加油的，而不是来买汽水的。你尽管大胆对他说：'让我帮您把油箱加满！'"

问题：（1）专家教授推销人员用哪种方法来促成交易？

（2）推销人员采用此种成交方法需要注意什么？在什么条件下最合适采用此法？

课堂随笔

案例分析

答案：（1）专家教授推销人员应采用假定成交法促成交易。

（2）推销人员在运用这种方法时，必须对顾客购买的可能性进行分析。在确定顾客已有明显购买意向时，才能以推销人员的假定代替顾客的决策，但不能盲目地假定。在提出成交假定时，应轻松自然，绝不能强加于人。

最适用的条件是：较为熟悉的老顾客和性格随和的顾客。

三、选择成交法

选择成交法也称有效选择成交法，是指推销人员为顾客设计出一个有效成交的选择范

围，使顾客只在有效成交范围内进行成交方案选择的一种成交技术。

1．选择成交法的适用情况

（1）应以顾客发出成交信号为前提，而假定顾客成交。

（2）提供几个可行的方案让顾客选择。

2．选择成交法的优点

（1）可以减轻顾客的心理压力，创造良好的成交气氛。

（2）有利于推销人员掌握主动权，留出一定的成交余地。

3．选择成交法的缺点

（1）可能会延长成交过程，因为顾客要选择方案。

（2）推销员所提的方案可能不适合顾客的需求。

4．运用选择成交法的注意事项

（1）推销人员所提供的选择事项应让客户从中做出肯定的回答，而不要给客户拒绝的机会。

（2）向客户提出选择时，应尽量避免向客户提出太多的方案，最好的方案就是两项，最多不要超过三项，否则不能够达到尽快成交的目的。

案例 6-5

两家挨得很近的米粉店，口味都不错，但是一家生意一直很红火，而另一家惨淡经营，最后倒闭了。离开之前，老板去问对面那个老板："我们两家距离这么近，口味、价格都差不多，为什么我一直不如你呢？"

"其实很简单，每次顾客要粉，你都是问'您还要鸡蛋吗？'而我总是问'您要一个鸡蛋还是两个？'这样，我每次都比你多卖一个鸡蛋，生意自然就比你好了。"

问题：（1）生意红火的老板是采用哪种方法来促成交易的？

（2）推销人员采用此种成交方法时需要注意什么？

课堂随笔

案例分析

答案：（1）老板采用的是选择成交法。

（2）采用此法时应自然得体，既要主动热情，又不能操之过急，不能让顾客有受人支配的感觉。

四、小点成交法

小点成交法又称次要问题成交法或避重就轻成交法，是推销人员利用成交的小点来间接地促成交易的方法。

1. 小点成交法的适用情况

（1）顾客不愿直接涉及决策的重大问题，只对成交的某些具体问题产生兴趣。

（2）推销人员看准成交信号，购买决策的关键只在于某一小点，或款式，或颜色，或交货时间，或付款方式等。

（3）推销人员未发现任何成交信号，需做出能够避免冷遇或反感的成交尝试。

（4）成交气氛比较紧张，顾客的成交心理压力太大，交易无法直接促成。

（5）顾客对某些特殊品的购买决定只依据某一特定的小点问题。

2. 小点成交法的优点

（1）可以减轻客户成交的心理压力，有利于推销人员主动地尝试成交。

（2）保留一定的成交余地，有利于推销人员合理地利用各种成交信号有效地促成交易。即在顾客犹豫不决时不直接提出成交，避免给顾客造成压力，而是通过一系列试探性提问，逐步消除顾客心中的疑惑，从而帮助顾客决策。

3. 小点成交法的缺点

（1）分散顾客注意力，造成大点成交困难。

（2）使成交时间延长。

（3）有时可能会引起顾客误会。

知识链接

小点成交法是相对于"大"而言的，向对方提出大的要求，对方拒绝的可能性会大一些。如果把大的要求划分为小的要求，这些小的要求正确，对方就有可能接受，在对方接受小的要求之后再提出一个小的要求，对方可能也会接受。这些小要求加起来不就是一个大的要求吗？小点成交法利用的是顾客的成交心理活动规律，避免了直接提出顾客比较敏感的重大的成交问题，而是向顾客提出比较小的次要的成交问题，逐渐由小到大、由小攻大、由小求大，先小点成交，再大点成交，最后促成客户做出购买决策。

案例 6-6

　　一个办公用品推销人员到某单位办公室推销一种纸张粉碎机。办公室主任在听完产品介绍后摆弄起这台机器，并自言自语道："东西倒很适用，只是办公室这些小青年，毛手毛脚，只怕没用两天就坏了。"

　　推销人员一听，马上接着说："这样好了，明天我把货送来时，顺便把纸张粉碎机的使用方法和注意事项给大家讲一下。这是我的名片，如果使用中出现故障，请随时与我联系，我们负责上门修理。主任，如果没有其他问题，我们就这么定了？"

　　问题：（1）推销人员采用了哪种方法促成交易？

　　（2）推销人员采用此种成交方法时需要注意什么？

案例分析

　　答案：（1）推销人员采取的是小点成交法。

　　（2）在运用这种方法时，要根据顾客的购买意向，选择适当的小点，同时将小点与大点有机地结合起来，先小点后大点，循序渐进，达到以小点促成大点的成交目的。

课堂随笔

五、优惠成交法

　　优惠成交法是指推销人员通过提供优惠的交易条件来促成交易的方法。它利用了顾客在购买商品时，希望获得更大利益的心理，实行让利销售，促成交易。商业推广中经常使用的"买二送一""买大家电送小家电"等都是利用的优惠成交法。

　　1. 优惠成交法的适用情况

　　（1）优惠成交法尤其适用于销售某些滞销品，减轻库存压力，加快存货周转速度的情况。

　　（2）采用优惠成交法，通过给顾客让利来促成交易，必将导致销售成本上升。所以必须在把握好让利尺度的情况下用此方法。

　　2. 优惠成交法的优点

　　（1）正确地使用优惠成交法，利用顾客的求利心理，可以吸引并招揽顾客，有利于创造良好的成交气氛。

（2）利用批量成交优惠条件，可以促成大批量交易，提高成交的效率。

3．优惠成交法的缺点

（1）采用优惠成交法，有时会让顾客误以为优惠产品是次品而不信任，从而丧失购买的信心，不利于促成交易。

（2）采用此方法时，若没有把握好让利尺度，会减少销售收益。

案例 6-7

推销人员："王总，为了尽快打开市场，如果您在一年内能达到 50 万元的采购金额，我们年终再返还您 5% 的红利。"

问题：（1）推销人员采用了哪种方法促成交易？

（2）推销人员采用此种成交方法时需要注意什么？

案例分析

答案：（1）推销人员采取的是优惠成交法。

（2）运用该方法要注意针对顾客求利的心理动机，合理地使用优惠条件；要注意不要盲目提供优惠；要注意在给予回扣时，遵守有关的政策和法律法规，不能变相行贿。

课堂随笔

六、保证成交法

保证成交法是指推销人员直接向客户提出成交保证，使客户立即成交的一种方法。推销人员会对客户允诺担负交易后的某种行为，例如，"您放心，这个机器我们 3 月 4 日给您送到，全程的安装由我亲自来监督。等没有问题以后，我再向总经理报告""您放心，您这个服务完全由我负责，我在公司已经有 5 年的时间了。我有很多客户，他们都是接受的我的服务"。让顾客感觉推销人员是非常负责的。

1．保证成交法的适用情况

产品的单价比较高，缴纳的金额比较大，风险比较大，客户对此种产品并不是十分了解，对其特性质量也没有把握，产生心理障碍，对成交犹豫不决时，推销人员应适时向顾客提出保证，以增强其信心。

2．保证成交法的优点

（1）运用保证成交法可以消除客户成交的心理障碍，增强成交信心。

171

（2）有利于增强说服力及感染力，有利于推销人员妥善处理有关的成交异议。

3．保证成交法的缺点

若所做的保证不能消除顾客的后顾之忧，不但可能失去顾客，也会影响企业信誉。

七、从众成交法

从众成交法也称排队成交法，是指推销人员利用顾客的从众心理，促使顾客立刻购买推销品的一种成交方法。

知识链接

社会心理学家研究表明，从众行为是一种普遍的社会心理现象。人的行为既是一种个体行为，受个人观念的支配，也是一种社会行为，受社会环境的影响。

个人认识水平的限制和社会公众的压力，是从众现象产生的根本原因。顾客在购买商品时，不仅要考虑自己的需要，受自己的购买动机支配，还要顾及社会规范，服从某种社会压力，将大多数人的行为作为自己行为的参照系。从众成交法正是利用了人们的这种社会心理，创造顾客争相购买的社会气氛，促成顾客迅速做出购买决策。

1．从众成交法的适用情况

从众成交法适用于年轻人或无主见、心理摇摆不定的顾客。

2．从众成交法的优点

从心理学角度讲，顾客之间的相互影响和相互说服，可能要强于推销人员的说服，这使得从众成交法具有心理上的优势。

3．从众成交法的缺点

从众成交法可能会引起顾客的逆反心理，不从众购买。

4．运用从众成交法的注意事项

（1）运用从众成交法推销产品时，可发动广告攻势、利用名人、宣传名牌，从而造成从众声势。

（2）寻找具有影响力的核心顾客，将推销重点放在说服核心顾客上，在争取到核心顾客的合作后，利用其影响和声望带动和号召大量具有从众心理的顾客购买。

案例 6-8

"您看这件衣服样式新颖美观，是今年最流行的款式，颜色也合适，您穿上一定很漂亮，我们昨天刚进了20套，今天就只剩下2套了。"

问题：（1）为促成交易推销人员采用了哪种方法？

（2）此法最合适在什么条件下采用？推销人员采用此种成交方法需要注意什么？

课堂随笔

案例分析

答案：（1）推销人员采取的是从众成交法。

（2）这种方法只适合从众心理较强的顾客。推销人员在运用这种方法时，要掌握顾客购买的心态，进行合理诱导，不能采用欺骗手段诱使顾客上当。

八、最后机会成交法

所谓最后机会成交法，就是推销人员向顾客提示最后成交机会，促使顾客立即购买的一种成交方法。这种方法的实质是推销人员通过提示成交机会，限制成交内容和成交条件，利用机会心理效应，增强成交可能。例如，"这种商品今天是最后一天降价，机不可失，时不再来"，往往在最后机会面前，人们会由犹豫变得果断。

1. 最后机会成交法的适用情况

运用此种方法时，要注意针对顾客求利的心理动机。

2. 最后机会成交法的优点

（1）能够引起顾客对购买的注意力，可以减少许多推销劝说工作，避免顾客在成交时再提出各种异议。

（2）可以使顾客在心理上产生一种"机会效应"，将其成交时的心理压力变成成交动力，促使他们主动提出成交，常伴随着向顾客提供一定的优惠条件而促成成交。这种方法实际上是对顾客的一种让步，主要满足顾客的求利心理动机。

（3）最后机会成交法通过向顾客提供优惠成

173

交条件，有利于巩固和加深买卖双方的关系，对于较难推销的商品，能够起到有效的促销作用。

3．最后机会成交法的缺点

（1）可能会增加推销费用，减少收益。

（2）有时可能会加深顾客的心理负担。

案例 6-9

推销人员给顾客打电话："王小姐，您也看到我们店庆的广告了，今天是店庆活动的最后一天，上周您看上的那款新装这会儿购买可以享受七折优惠……"顾客回答："那我现在就去。"

问题：（1）推销人员采用了哪种方法促成交易？

（2）推销人员采用此种成交方法时需要注意什么？

课堂随笔

案例分析

答案：（1）推销人员采取的是最后机会成交法。

（2）运用此法要注意选择有利的机会，不能欺骗愚弄顾客，要根据顾客的不同心理和购买动机，有针对性地确保推销重点。

任务小结

通过学习，小紫和小蓝明白了促成交易的常用具体方法，各种具体方法的适用情况、优点、缺点等。作为一名推销员，掌握具体的促成交易方法对于能否成交至关重要，需要在实践中不断总结经验、吸取教训。

推销故事

多方式促成交易

光华公司推销员李峰来到大明公司推销饮水器，见到大明公司王经理，出示了产品说明书后，李峰说："王经理，这种冷热饮水器目前在一些大城市非常流行。特别适合大公司的办公室使用，既方便、实用，又能增添办公室的豪华气派和现代感。像与贵公司齐名的佳为公司、恒基公司等，办公室里都换上了这种饮水器。您现在要考虑的是需要哪一款，xⅠ呢还是xⅡ？要多少台？我们什么时候送货？"说完，又拿出全套的说明书给王经理。

王经理接过资料，仔细阅读后笑着说："先要三套 x Ⅱ型的吧！"

【分析提示】

推销员李峰在推销过程中以多方式实现了成交。首先，用"从众成交法"激发了王经理的购买欲望，使其愿意接受饮水器；其次，用"选择成交法"为王经理框定了选择范围；再次，以"假定成交法"化解了王经理的购买压力，似乎只剩下送货的问题；最后，王经理做出了购买3套 x Ⅱ型饮水器的决定，使推销目的得以实现。

练习

以下用的是哪一种成交法？

1. 您现在装修的话，我给您八五折优惠。（　　　）

2. 推销员对正在比较各种口红的客户说："您手上这支很适合您的肤色和年龄。来，我替您装好。"（　　　）。

3. "这种酒有两种包装，您要精装还是简装的？"（　　　）。

4. "这种新式毛毯一上市就大受欢迎，买的人很多，真是供不应求。"（　　　）。

5. 一位打印机推销员与顾客洽谈后，对顾客说："您是要爱普生LQ-1600K还是LQ-1800呢？"（　　　）。

能力训练项目

【思维训练游戏1】

（1）请尽可能多地列出你推销的产品比同类产品好的理由。

（2）请尽可能多地列出一件商品值得你拥有的理由。

（3）接龙游戏。

① 将学员分成3人一组，每组由1人担任主持人兼裁判，其他2人作为选手参加接龙比赛。

② 由主持人给出一件物品，由参赛选手轮番说出这件物品的用途。

③ 裁判要注意判断选手的反应速度、评价选手的形象思维和发散思维的运用情况。

【思维训练游戏2】

用硬纸板做一个圆盘，像钟面那样分成12格，在12格数字的旁边写上12种性质，在圆盘中心有一根能灵活转动的针。让一个学员去转动指针，并根据指针停下来时所指的那种性质，举出具有这种性质的商品，说得越多越好。进行过一轮后可以加大难度，将指针连续转两次，让学员举出同时具有两种性质的商品。

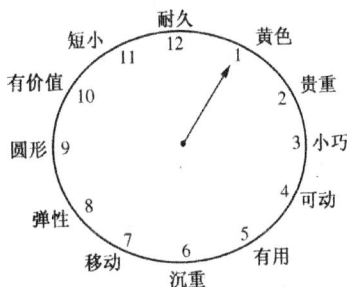

175

比如，第一次转动指"4,可动"，第二次指"9,圆形"，就可举出轮胎、飞碟玩具、地球仪、齿轮等同时具有这两种性质的事物为例。

课堂活动

活动一　练习消除顾客疑虑

1．活动目的

加强学生与顾客的沟通能力，消除顾客疑虑。

2．活动内容和步骤

假设你是一名推销员，在向顾客推销的过程中，顾客提出了拒绝购买的原因，为了促成交易，请你想办法让顾客说出他们对于产品的意见和要求。为最终达成交易，你将如何与顾客沟通？

顾客拒绝购买的原因如下所述

（1）你们的产品价格怎么比同类型产品高很多？

（2）这是什么牌子？怎么卖那么贵？

（3）花色不怎么样啊，还卖那么贵？

活动二　分组游戏——词语选择

1．活动目的

通过游戏揭示沟通中的语言技巧及其重要性，让同学们体会商务谈判中的交流技巧。

2．活动内容和步骤

（1）分成2人一组，A、B为一组，时间共为5分钟。每组有1分钟时间一起安排假期活动。

（2）第一轮。

①A提出一个建议。（例如，我们去什么地方好好玩一下？）

②B采用"好吧,但是……"这样的句式回答。（例如，"好吧,但是我想整天躺在沙滩上。"）

③A也采用"好吧,但是……"这样的句式继续表达自己的意见。

④对话就按这种方式进行，直到时间结束。

（3）第二轮。

①用同样的假期建议开始这次对话。

②这一次，双方采用"好的,而且……"这样的句式对对方的建议做出回应。（例如，"我们出去好好玩一下吧。""好的，而且我们要去一个从来没有去过的地方。"）

③ 1 分钟后叫停。

（4）讨论。

① 相互之间采用"好吧，但是……"这样的句式进行对话，在第一轮的过程中，你是否发现你的搭档有几次使你生气了？在第二轮中，又有什么不同感受呢？

② 在第二轮中，关于假期计划你们有多少人有了新的进展？如果确实有进展，原因是什么呢？

任务三　签　约

小紫和小蓝明白了促成交易的具体方法后，胸有成竹地准备着最后的成交工作，可这毕竟是他们走上推销岗位的第一次成交，他们的心里有期待也有不安。签约时应注意些什么呢？他们又有了新的问题……

导入案例

某爆竹厂（原告）与某工业总厂（被告）签订了一份爆竹购销合同。合同签订后，原告在取得当地工商、公安机关批准的合法手续和证件后，按合同规定条款及时进行爆竹的生产、运输和销售工作，并按期、按质、按量地送到被告单位。被告单位却以其业务员胡某超越代理权限签订爆竹合同为由，拒绝收货付款，并报当地公安机关。公安机关以原告违反该市烟花爆竹管理规定为由，将爆竹扣押。原告遂以被告未履行合同为由将其诉至法院。法院以原告违反国家有关爆炸物品的管理规定为由，判原告败诉，公安机关扣押爆竹是正确的。

问题：（1）从顾客资格审查的角度分析为何原告败诉。

（2）该企业应如何针对被告进行资格审查？

（3）如果你是爆竹厂业务员，接近该类顾客前应做哪些方面的准备工作？

参考答案：（1）原告没有对被告的组织购买决策权进行审查；没有在和被告接触之前进行相应资料的准备。

（2）对组织购买决策权的审查应该从以下方面进行。

① 审查对象的所有制性质、决策运行机制、决策程序、规章制度、企业自主经营的权限。

② 审查具体人物在企业购买决策过程中的角色资格，根据推销品的用途性质，联系有决定意义的关键人物进行洽谈。

（3）接近团体顾客前准备工作的内容：①一般情况；②生产经营情况；③组织情况；④经营及财务情况；⑤购买行为情况；⑥关键部门及关键人物情况。

对于销售过程较长的商品推销，只有与客户订立买卖合同后，才算真正意义上的成交，买卖才有法律效力，一般要求推销人员与客户签订书面形式的合同。书面形式是指合同书、信件、数据电文（包括电报、传真、电子数据交换和电子邮件）等可以表现所载内容的形式。

一、订立合同的原则

1．买卖合同主体必须有法定资格

《合同法》规定"当事人订立合同，应当具有相应的民事权利和民事行为能力"，也就是说，当事人必须有相应的主体资格。

2．当事人的委托必须有法律资格

在现实生活中，有些当事人由于各种原因，往往需要委托代理人订立合同。当事人委托代理必须依法进行。代理行为必须符合法律规定。

3．买卖合同的形式必须符合法定形式

订立合同的形式有书面形式、口头形式和其他形式。其中书面形式有利于督促当事人全面认真地履行合同，发生争议时也便于分清责任和举证。

二、买卖合同的内容

1．当事人的名称（或姓名）和住所

值得注意的是合同当事人的姓名，如果是法人，则需写法人的名称。必要时还可以查看当事人的身份证或执照。

2．标的

标的是指合同当事人权利和义务共同指向的对象。如果是买卖合同，需要说明货物的名称、规格、型号等；如果是提供劳务，则要说明劳务的类型、标准等。

3．数量

数量指的是供货方交货的数量。合同的数量要准确和具体。当事人计算的标的数量采用国家规定的计量单位和计量方法。

4．质量

质量是标的物的内在素质和外观形式优劣的标志，在买卖合同中应该做出明确规定。

5．价款

确定价款时要符合国家的价格政策和价格管理法规；支付价款时，除法律另有规定外，必须用人民币支付；结算价款时，除国家规定允许使用现金外，必须通过银行办理转账或票据结算。

6．交（提）货的期限、地点和方式

交（提）货期限就是交（提）货物的日期。交（提）货地点就是当事人交（提）货物的具体地点。不允许签订没有具体交（提）货物期限和地点的合同。交（提）货方式是指采用什么样的方法交（提）货物。

7．违约责任

违约责任规定当事人一方或双方，出现拒绝履行、不适当履行或不完全履行等违约行为以后，追究过错方的责任。

8．解决争议的方法

我国目前解决合同争议的方法有4种：一是当事人自行协商解决；二是请求有关部门主持调解；三是请求仲裁机关仲裁；四是向人民法院提出诉讼。合同当事人可以在合同上写明可以采取何种解决争议的方法。

三、签订买卖合同的形式

1．签订买卖合同的两种形式

（1）面谈签订。面谈签订合同不经过中间环节，有利于推销员和客户充分地表达意见和意愿，对合同的各项条款可以反复协商。面谈签约在合同签订方式中占有极其重要的地位。

（2）通信签订。通信签订方式是指当事人双方距离较远，或为方便起见，双方不直接面谈，而采用信件、传真、电子邮件等通信方式签订合同。这种合同比较适合与老客户签订买卖合同。

2．签订买卖合同时的注意事项

（1）明确写好合同当事人双方单位的全名。

（2）合同的文字、标点要规范和标准，不用含混不清的词句。

（3）签订合同所需的印章要齐全，在签完合同后，务必加盖双方当事人单位的公章或合同专用章、法人单位的法定代表人或法人单位的行政负责人名章和承办人员名章。

（4）合同订立的手续要完整。例如，若有的合同需要批准、鉴证或公证，就要分别办好所需手续。

（5）合同必须设正本两份，由当事人双方各执一份。合同的副本应分别报送双方上级主管部门及工商等相关部门。

四、买卖合同的格式

推销人员经常会接触到买卖合同，下面以一份商品买卖合同作为范本供参考。

商品买卖合同

买方：＿＿＿＿＿＿（下称甲方）　　卖方：＿＿＿＿＿＿（下称乙方）

地址：＿＿＿＿＿＿　　　　　　　　地址：＿＿＿＿＿＿

电话：＿＿＿＿＿＿　　　　　　　　电话：＿＿＿＿＿＿

传真：＿＿＿＿＿＿　　　　　　　　传真：＿＿＿＿＿＿

甲乙双方经过协商，本着自愿及平等互利的原则，就乙方向甲方出卖本合同约定的货物事宜，达成如下一致。

第一条　名称、规格和质量

1. 名称：＿＿＿＿＿

2. 规格：＿＿＿＿＿（应注明产品的牌号或商标）

3. 质量，按下列第＿＿＿项执行：

（1）按照＿＿＿＿标准执行（须注明按国家标准或部颁标准或企业具体标准，如标准代号、编号和标准名称等）。

（2）按样本，样本作为合同的附件（应注明样本封存及保管方式，附件略）。

（3）按双方商定要求执行，具体为＿＿＿＿＿＿（应具体约定产品质量要求）。

第二条　数量和计量单位、计量方法

1. 数量：＿＿＿＿＿

2. 计量单位和方法：＿＿＿＿＿

3. 地板合理的损耗按实际铺装量计算，损耗由甲方承担。

第三条　包装方式和包装品的处理

＿＿＿＿＿＿＿＿＿＿＿＿＿＿＿＿。

第四条　交货方式

1. 交货时间：＿＿＿＿＿

2. 交货地点：＿＿＿＿＿

3. 运输方式：＿＿＿＿＿

4. 保险：＿＿＿＿＿

第五条　损失风险

货物在送达交货地点前的损失风险由乙方承担，其后的损失风险由甲方承担。

第六条　价格与货款支付

1. 单价：＿＿＿＿＿；总价：＿＿＿＿＿＿＿＿（大写）

2. 货款支付：

支付时间：＿＿＿＿＿

支付方式：＿＿＿＿＿

运杂费和其他费用的支付时间及方式：＿＿＿＿＿＿

3. 预付货款：＿＿＿＿＿＿＿＿

第七条　提出异议的时间和方法

1. 甲方在验收中如发现货物的品种、型号、规格、花色和质量不合规定或约定，应在妥善保管货物的同时，自收到货物后＿＿＿日内向乙方提出书面异议；甲方未及时提出异议或者自收到货物之日起＿＿＿日内未通知乙方的，视为货物合乎规定。在托收承付期间，甲方有权拒付不符合合同规定部分的货款。

2. 甲方因使用、保管、保养不善等原因造成产品质量下降的，不得提出异议。

第八条　甲方违约责任

1. 甲方逾期付款的，应按逾期付款金额每日万分之＿＿＿计算，向乙方支付逾期付款的违约金。

2. 甲方违反合同规定拒绝接收货物的，应承担因此给乙方造成的损失。

3. 甲方如错填到货地点、接货人，或对乙方提出错误异议的，应承担乙方因此所受到的实际损失。

4. 其他约定：＿＿＿＿＿＿＿＿＿＿＿＿＿＿＿＿＿＿＿＿。

第九条　乙方违约责任

1. 乙方不能交货的，向甲方偿付不能交货部分货款百分之＿＿＿的违约金。

2. 乙方所交货物品种、型号、规格、花色、质量不符合合同规定的，如甲方同意利用，应按质论价；甲方不能利用的，应根据具体情况，由乙方负责包换或包修，并承担修理、调换或退货而支付的实际费用。

3. 乙方因货物包装不符合合同规定，须返修或重新包装的，乙方负责返修或重新包装，并承担因此支出的费用。甲方不要求返修或重新包装而要求赔偿损失的，乙方应赔偿甲方该不合格包装物低于合格物的差价部分。因包装不当造成货物损坏或灭失的，由乙方负责赔偿。

4. 乙方逾期交货的，应按照逾期交货金额每日万分之＿＿＿计算，向甲方支付逾期交货的违约金，并赔偿甲方因此所遭受的损失。如逾期超过＿＿＿日，甲方有权终止合同并可就遭受的损失向乙方索赔。

5. 乙方提前交的货、多交的货物，如其品种、型号、规格、花色、质量不符合约定，甲方在代保管期间实际支付的保管、保养等费用，以及非因甲方保管不善等而发生的损失，均应由乙方承担。

6. 货物错发到货地点或接货人的，乙方除应负责运到合同规定的到货地点或接货人外，还应承担甲方因此多支付的实际合理费用和逾期交货的违约金。

7. 乙方提前交货的，甲方接到货物后，仍可按合同约定的付款时间付款；合同约定自提的，甲方可拒绝提货。乙方逾期交货的，乙方应在发货前与甲方协商，甲方仍需要货物的，乙方应按数补交，并承担逾期交货责任；甲方不再需要货物的，应在接到乙方通知后＿＿＿日内通知乙方，办理解除合同手续，逾期不答复的，视为同意乙方发货。

8. 其他：＿＿＿＿＿＿＿＿＿＿＿＿＿＿＿＿＿＿＿＿＿＿。

第十条　不可抗力

本合同所称不可抗力是指不能预见、不能克服、不能避免并对一方当事人造成重大影响的客观事件，包括但不限于自然灾害如洪水、地震、火灾和风暴等，以及社会事件如战争、动乱、政府行为等。

如因不可抗力事件的发生导致合同无法履行时，遇不可抗力的一方应立即将事故情况书面告知另一方，并应在不可抗力事件结束后＿＿＿日内，提供事故详情及合同不能履行或者需要延期履行的书面资料，双方认可后协商终止合同或暂时延迟合同的履行。

第十一条　其他事项

1. 按本合同规定应付的违约金、赔偿金、保管/保养费和各种经济损失，应当在明确责任后＿＿＿日内，按银行规定的结算办法付清，否则按逾期付款处理。

2. 约定的违约金，视为违约的损失赔偿。双方没有约定违约金或预先赔偿额的计算方法的，损失赔偿额应当相当于违约所造成的损失，包括合同履行后可获得的利益，但不得超过违反合同一方订立合同时应当预见到的因违反合同可能造成的损失。

3. 合同有效期内，除非经过对方同意，或者另有法定理由，任何一方不得变更或解除合同。

第十二条　争议的处理

本合同在履行过程中发生的争议，由双方当事人协商解决，也可由有关部门调解；协商或调解不成的，

依法向人民法院起诉。

第十三条　解释

本合同的理解与解释应依据合同目的和文本原义进行，本合同的标题仅为了阅读方便而设，不应影响本合同的解释。

第十四条　补充与附件

本合同未尽事宜，依照有关法律、法规执行，法律、法规未做规定的，甲乙双方可以达成书面补充协议。本合同的附件和补充协议均为本合同不可分割的组成部分，与本合同具有同等的法律效力。

第十五条　合同效力

本合同自双方或双方法定代表人或其授权代表人签字并加盖公章之日起生效。本合同正本一式____份，双方各执____份，具有同等法律效力；合同副本一式____份，送_____各留存一份。

甲方（盖章）：_____　　　乙方（盖章）：_____

代表（签字）：_____　　　代表（签字）：_____

____年___月___日　　　　　　　　____年___月___日

任务小结

通过对签约流程及注意事项的学习，小紫和小蓝对一般买卖合同形成了初步的认知。

课堂活动

活动一　房屋买卖合同纠纷案例分析

1．活动目的

通过分析案例，使学生了解合同的类别及合同应用中需注意的问题。

2．活动内容和步骤

（1）阅读以下资料。

徐某于2002年1月8日与A房地产公司签订了一份购房认购书。双方约定，徐某购买A房地产公司商品房一套，房价款为23.7万元，同时，双方在认购条件一款中做出约定："认购方在签订认购书时交纳认购定金3万元，于2002年1月21日至1月30日期间，携认购书及其他相关文件到销售中心与卖方签约。如认购方未在认购期限内与卖方就认购一事签订商品房预售合同及其他相关文件，则卖方有权解除本认购书的履行，并将认购方已购房屋另行处理，且认购方已交定金将不予退还。"

徐某得知开发商没有预售许可证后，又提出待开发商取得预售许可证后再签订预售合同并支付首付款，被开发商拒绝。在这种情况下，徐某将A房地产公司诉至法院，要求双倍返还定金，即6万元。

一审法院审理时认为，本案的争议焦点有3个：认购书是否有效；3万元的性质；原

告事先是否知道被告没有预售许可证。一审法院经审理认为，商品房预售必须具有预售许可证，而A房地产公司未取得预售许可证，违反了法律的强制性规定，认定认购书无效。认购书被确定无效后，定金即失去担保效力，判决被告返还徐某定金3万元，驳回徐某要求双倍返还定金的诉讼请求。

徐某不服一审判决，向中级人民法院提起上诉。二审法院经审理认为，双方当事人签订的认购书约定了定金条款，符合以交付定金作为订立主合同担保的法律特征，应视为有效。该认购书中约定的立约定金的生效是独立的，在主合同之前就已成立。徐某已按认购书的规定交纳了定金，故该认购书的效力自其交付定金后即已存在，且对双方均有约束力。在执行认购书的过程中徐某并无违约行为，导致双方不能签订主合同系因A公司未取得商品房预售许可证，无权预售商品房。该责任应全部由A公司承担，据此，判决A公司双倍返还徐某的定金，即6万元。

（2）案例点评。签订预售商品房之前签订的认购书或订购单，其性质有两种：一是预约合同，即约定将来签订正式的商品房买卖或预售合同；二是如果认购书或订购单具备商品房买卖合同的主要内容，并且出卖方已经按约定收取购房款的，则认购书、订购单属商品房买卖合同。认购书或订购单中约定认购金或定金，双方并无约定如未能签订合同，要求双倍返还或不退定金等约定的，则认购金或定金只具有预付款的性质。如双方未达成商品房买卖协议，定金或认购金应退还。《最高人民法院关于审理商品房买卖合同纠纷案件适用法律若干问题的解释》第四条规定，"出卖人通过认购、订购、预订等方式向买受人收受定金作为订立商品房买卖合同担保的，如果因当事人一方原因未能订立商品房买卖合同，应当按照法律关于定金的规定处理；因不可归责于当事人双方的事由，导致商品房买卖合同未能订立的，出卖人应当将定金返还买受人"。本案中，徐某和A公司未签订商品房买卖合同的原因是A公司未取得预售许可证。因此，基于一方的原因未能订立商品房买卖合同，应按定金罚则处理，二审法院的判决是正确的。

（3）问题：根据以上案例，结合所学知识请你谈谈在今后的工作中应注意什么问题。

活动二 体验他人的销售技巧

1．活动目的

通过亲身体验专业销售人员的销售技巧，从中学习可用知识。

2．活动内容和步骤

（1）教师将学生分组，每组2～3人。

（2）每组分别到商场购买（或咨询）一种商品，并观察销售人员的反应。

（3）记下销售人员的反应，并制成课件。

（4）分组演示课件，说说各组的不同情况，有什么值得借鉴的地方。

（5）假如你是那位销售人员，你在哪些方面会做得更好？

任务四　败局处理

大雄一大早来上班，进了办公室，看到小蓝愁眉苦脸地坐在办公桌前发呆，他关切地问道："发生什么事了？需要帮助吗？"听到大雄热心的关怀，小蓝诉苦道："本来谈好的项目，客户突然说不签了，也不知道是哪里出了问题。"听了小蓝的回答，大雄耐心地和他一起寻找失败的原因。

导入案例

电唱机的购买与退货

现代音响公司是一家高保真组合音响的专业零售公司，该公司的推销员都渴望能促成交易，因为他们的薪水和销售量有直接的关系。

顾炜是徐汇区某零售商店的推销员。一个星期五的早晨，发烧友林云走进店里，告诉顾炜他正在寻找新式唱片播放机，希望购买一部 5 000 ～ 8 000 元价位的，并且看上了展示架上一部标价 6 750 元的唱片播放机。在顾炜把这一部播放机的优点详细向林云说明之后，林云问道："这种型号的播放机最优惠的价格是多少呢？"

顾炜立刻回答："算你 6 500 元吧！"林云决定要购买了，并立刻在订单上签名并付款。顾炜说你所要的这一种电唱机马上就可以拿到柜台来，他在感谢林云的惠顾之后，随即走进仓库里去取货。

大约过了 1 分钟，顾炜回到柜台，以下是他们两个人的谈话。

顾炜：林先生，非常抱歉，你所要的那种型号已经没货了，本公司设在卢湾区的零售商店可能还有货，该店距此不过 15 公里，你愿意骑车到那里去买吗？

林云：我没有时间骑车到那里去买，可以请商店的人送过来吗？

顾炜：今天恐怕没有人送过来，下星期一我们会补足你所要的货品，到时你就可以在这里买到了。

林云：真不巧！我今天一定要买到，因为明天晚上我要举办一个晚会，希望有一部崭新的唱片播放机，为何你们偏偏缺少了我所看上的那一部电唱机呢？

顾炜：非常抱歉，我没有注意到我们店里已经没有那种型号的电唱机了。

林云：这不是你的错，但是让我感到很遗憾，我可以到其他地方买到功能类似的电唱机。真扫兴，请你把订单取消，并且把钱退还给我。

案例思考

（1）当林云提到"最优惠的价格"时，顾炜立刻降低电唱机的价格，你对他这种降价方式有何感想？除了降价之外，还有哪些方法可用呢？

（2）林云要求取消订单、退回货款，此时顾炜该怎么办？

一、推销失败的原因

推销工作越来越难做、挑战越来越大是大家的共识。无论什么行业都面临销售业绩的诸多挑战。市场经济自由竞争，物竞天择，适者生存，在这样的环境下能够做到挥洒自如、从容应对，那绝对是推销员之中的高手。推销过程中推销员本身的错误行为是导致失败的关键因素。

1. 客户判断不准确

推销员背负着公司下达的任务，匆匆忙忙就奔向市场。第一种方式是见店铺就谈，见人就推销，"扫街式""地毯式"拜访，把所有店铺都拜访一遍，碰到一个算一个，碰不到就赶紧去下一个市场，周而复始地疲于奔命。第二种方式是向同行请教当地市场中，谁的店铺比较优秀、谁做得比较大就去拜访谁，懂得了解信息自然少走弯路，但是忽略了最重要的问题：优秀的店铺需要有优势的品牌。没有优势的品牌，店铺老板当然不感兴趣。做业务、选店铺，包括接受品牌都讲究"门当户对"，想高攀别人必须具备高攀的资本。选择客户之前必须全面分析公司与品牌的优势与弱点，包括自己本身的优势与弱点，自己的优势能否打动客户，与竞争对手相比品牌的优势能否超越对手。然后分析自己推销成功的案例，自己的客户绝大多数是什么类型的，说明自己的优势对哪些客户起作用，

185

对哪些客户没有作用。综合分析后确定什么样的店铺适合自己的品牌，然后分析选择什么类型的客户可以发挥自身的优势。在拜访客户之前，就应确定客户，而不应没头没脑地乱撞。

2. 缺乏自信，不战而败

由于行业的竞争比较激烈，推销员水平提高很快，很快熟悉推销的流程，很快熟悉当地市场的客户情况，但其实推销员的专业水平并不高，这样拜访优秀的客户时就会心虚，无论是品牌还是业务本身都不能让客户满意，况且很多推销员不敢去拜访大客户，只选择那些劣质的客户凑业绩混日子。

3. 信息交流不对称

推销员是靠嘴吃饭的职业，有一部分推销员口才很不错，说起产品来口若悬河，根本不给客户搭话和提问的机会。推销不是让推销员唱独角戏，更不是让客户当听众。拜访客户要以客户为中心，一切话题都围绕客户关心的问题，双向交流、真诚沟通。只有弄清楚客户的真实意图，才能把最适合的方案呈现给客户。

4. 针对性不强

针对性不强是指回答客户提出的问题时不能紧扣主题。很多推销员回答客户的问题时闪烁其词，顾左右而言他，让客户觉得很不实在，总有不放心的感觉。回答问题不准确的原因，一是推销员理解问题能力欠缺，二是语言表达能力不强，三是专业水平有待提高，四是自信心不强，综合原因是职业素养还不够。

5. 形象不专业

每个行业有每个行业的特色，每个职业也有每个职业的特点。推销员作为商务人士，应该具备商务人士的形象，言谈举止要具备商务人士的职业素养。例如，化妆品行业的推销员如果不着职业装，穿着比较随便，既影响公司形象又降低个人素质，而导致降低客户对推销员的可信度，影响双方之间的谈判与交流，同时带来诸多不利的影响。可以说，专业的形象是通向合作的敲门砖。

6. 思路模糊，思维混乱

推销谈判需要策略巧妙、思路清晰、思维清醒、进退自如地紧紧围绕客户关心的关键问题细致说明，在阐述问题的同时把客户带入设计好的思路之中，让客户跟随推销员的思路，顺着有利于推销的方向前进。推销员之所以思路模糊，关键是事先没有演练，没有做谈判前的准备工作，事先没有准备好谈判思路与谈判内容、回答问题的话术、解决问题的方法、应对问题的优化方案等。尤其是关键问题，必须优化到用最适合、最恰当的语言做出解释，设计谈判的程序和节点，以便更好地掌控谈判的进度和节奏，不打无准备之仗，

不做无准备推销。

7. 异议处理不恰当

在沟通交流的过程中出现不同的观点与看法属于正常现象，因为不同才需要沟通和交流，才能达成共识，实现共赢。多数推销员听不进不同的观点，而与客户对立甚至针锋相对，最后赢得了胜利却丧失了生意。

二、在失败中总结经验

（1）失败是成功之母，从失败中才能更清醒地看到问题所在，提高自身业务素养。

（2）永不言败，坚持到底。

（3）量力而行，从客户角度考虑问题。

案例 6-10

老王曾经在一个自有资产超过 10 亿（元）的企业集团做高管，集团为了实施家具产业战略（有钱后投资家具产业），委派了一位集团副总裁兼任家具公司总经理，在家具公司花费 1 亿多（元）引进国外成套生产设备生产高档家具；为了打通销售渠道，不惜花费 4 000 多万元采购了一大批意大利原装进口家具。那位总经理力图快速挤占进口家具市场的市场份额，采取低价销售策略，大刀阔斧地干了半年。一天，集团的老板找到老王说："家具公司遇到前所未有的困难，产品销售不畅，库存占压严重，面临员工工资发不出来、库房卖场店租付不出的困境，你以前做过营销，你去接任总经理，拯救一下这个公司吧。"老王到家具公司先做调研，视察了家具卖场和自己公司的销售店铺。其间，一个细节引起了老王的注意：有许多特别注明"原装进口意大利家具，假一赔十"的销售合同，推销员说这是消费者不相信我们的家具是原装进口意大利家具，一定要在合同上注明的。消费者买到了物美价廉的真货，不敢相信是真的，反而要求公司再三保证，这说明公司把进口家具的销售策略定错了，把人参当萝卜卖，还没获得好处。

1998 年，家具市场上的进口意大利家具属于高档家具，最便宜的卧室组合套标价 2 万元，成交价在 1.8 万元左右，老王公司的销售价格为 1.08 万元 / 套，一口价。一方面家具价格很便宜，让消费者都不敢相信会有这么便宜的进口家具；另一方面公司的各地推销人员还在想方设法地要求总经理给他们更低的价格，不降价就卖不动。公司的销售策略错误地混淆了高档消费品与普通消费品的不同定位，忽视了消费者的心理感受，造成了公司的尴尬境遇。

基于长时间的营销实践，老王认为：消费者购买需求有两个层面，一个是物质需求，需要家具质量好、能满足家居实用性；另一个是精神需求，需要家具品牌、外观等心理因素上的满足感。普通消费品主要体现了产品的实用价值，消费者比较关注产品的实用性，能用就行，不愿意为品牌多支付费用；高档消费品更突出产品的精神价值，消费者比较关注产品的品牌，愿意为能带来精神享受的品牌多支付费用。原装进口意大利家具制订了具有市场破坏性的便宜价格，销售并不畅，还要进一步降价。消费者买了之后，不但没有心理满足感，反而产生担心和忧虑，这说明营销策略严重失当。

老王从 3 个方面着手来扭转公司的不利局面：一是用自己的经验和头脑，制订营销方案；二是发挥员工的潜力，坚定员工信心，培训销售技术和技巧，鼓励员工做事，指挥他们执行；三是

招聘懂营销的人员，增加新鲜血液，改善人员能力结构。

之后，又在5个方面制订营销管理改进方案。

一是重新制订产品策略，恢复高档进口家具的定位，根据意大利家具外表华丽、造型典雅、极具艺术性的特征及它的短处，重新定义家具产品的分类，对家具产品类别进行区隔化界定，把一般家具定义为实用类家具，把意大利家具定义为艺术类家具，老王根据每套家具的款式、颜色、造型等特点，命名为"恺撒""伊丽莎白""佛罗伦提娜""巴佛伦萨"等富有拉丁味道的名称，突出外国文化，编制产品手册。

二是制订品牌策略，为了满足消费者的精神需求，又根据传播规律，老王采取艺术家具的亚文化概念，制订弘扬意大利精美绝伦的艺术家具的品牌形象策略，对每款家具都设计了设计理念、设计风格、艺术造型等亚文化故事，使每款家具都富有了鲜活的、可流传的故事，消费者买的不仅仅是一套家具，同时拥有能跟亲朋好友分享、炫耀的谈资，为亚文化的二次、三次传播奠定基础，并编制印刷成图文并茂的产品手册，便于传播和发放。

三是制订新的销售策略，把家具的销售价格恢复到市场上进口家具的水平，修订产品价格，卧室组合套标价为2.08万～26.98万元，餐厅家具组合套标价为2.88万～20.68万元，客厅家具组合套标价为3.88万～30.68万元；销售价格充分授权，以2万元/套的家具为例，公司的产品结算底线定在1.08万元/套，推销员和销售经理各掌握一定的价格权限，自己判断掌握对消费者的成交价，不用请示总经理。制订销售让利的策略，让利策略是实现顾客讨价还价的胜利者的心理满足感。

四是提高推销人员的服务技能和销售水平，老王亲自编写培训教材，使员工能理解产品知识和销售技巧，通过现场培训教授推销人员掌握新的销售技法和心理培训，用产品知识、亚文化故事、销售技术等工具武装推销人员，把产品知识和亚文化故事传递给消费者。

五是制订绩效考核办法，把销售成交价与推销人员的销售提成挂钩，如在2万元的报价基础上，公司的产品结算底线定在1.08万元/套，推销员可以自行决定成交价格，销售提成=（成交价-结算底价）×（5%～10%）。

从第二个月开始，老王在北京市场开始实施新的营销方案，人还是以前的人，家具还是以前的家具，销售的策略和方法不同了，销量开始明显提升。单位效益显著提高，人员的面貌大为改变。原来1.08万甚至0.98万元卖出的卧室组合套，现在最低成交价1.58万元，最高成交价1.88万元，平均为1.7万元，公司一套家具净收入增加4 900元（除去销售提成），推销员一个月多收入1 000元以上，公司家具单价销售收入提高57%；原来标价3.68万元的餐厅家具组合套，现在标价10.68万元，成交价7.68万元，单价销售收入提高一倍多。初步成功的经验在各地推广开来，销售不畅的问题解决了，也解决了现金流不足的难题。

3个月以后，公司可以正常运转。

课堂随笔

案例分析

价格不是吸引顾客眼球的唯一亮点，影响销售的原因有很多。

任务·小结

小蓝终于明白了：失败是成功之母，从销售败局中不断总结经验，是每一个推销人员的职业素养和通向成功的必经之路。

课堂活动

活动一　分组讨论：如何平息顾客的不满

1. 活动目的

通过讨论，使学生了解顾客产生不满的各种原因，并针对这些原因找出对应的解决方法。

2. 活动内容和步骤

（1）学生分组，5～6人一组。

（2）讨论两个问题。

① 顾客产生不满的主要原因有几种？其中哪些是售前的，哪些是售中的，哪些是售后的？

② 如何解决上述不满？有哪些方法？

（3）每小组派一人上讲台陈述自己组的观点。

活动二　商圈实地考察

1. 活动目的

通过考察，了解销售人员是如何处理顾客异议的。

2. 活动内容和步骤

（1）2人一组。

（2）到学校附近的商圈进行实地考察。

（3）观察销售人员是如何处理顾客异议的，并记录下来。

（4）选择其中一个较为典型的顾客异议，改编成情景剧，并在课堂上表演。

（5）说说自己的感受。

思考与练习

一、判断题

1．顾客异议越多说明他越有购买意向。 （   ）

2．销售竞赛是企业常用的一种激励方法。 （   ）

3．推销人员越有口才越能妥善处理顾客异议。 （   ）

4．顾客的欲望是可以刺激的。 （   ）

5．推销具有销售商品、传递商品信息、提供服务、反馈市场信息的功能。 （   ）

6．建立顾客档案时，推销人员应采取顾客自愿填写的原则。 （   ）

7．成交后，推销人员没有必要再与顾客进行联系。 （   ）

8．语言传递就是沟通。 （   ）

9．推销人员在请求顾客成交时，可以适当示弱，以促使顾客成交。 （   ）

10．企业帮助推销人员建立的主要目标中，制订销售定额是企业最普遍的做法。（   ）

二、单选题

1．推销洽谈的最终目的是（   ）。

    A．诱发顾客的购买动机   B．让顾客满意，获得双赢

    C．推销商品   D．说服顾客

2．推销人员常听到"我们一直使用某牌的产品，质量不错"，产生该异议的原因是（   ）。

    A．顾客本能，自我保护   B．对产品不理解

    C．缺乏足够的购买力   D．已有稳定的采购渠道

3．推销人员在推销过程中，不能随便打断顾客的语言，或是对顾客的语言无动于衷。这是推销洽谈原则中的（   ）。

    A．诚实性原则   B．鼓动性原则

    C．倾听性原则   D．针对性原则

4．推销奶制品时，推销员对一个学生模样的顾客说："这就是周杰伦喜欢的奶茶，口感好、营养高，你尝尝。"该推销员运用了（   ）。

    A．直接提示法   B．联想提示法

    C．间接提示法   D．明星提示法

5．推销的基本功能是（　　）。

    A．销售商品   B．传递商品信息

    C．提供服务   D．反馈市场信息

6．"三包"服务中不包括的服务是（　　）。

    A．包退   B．包换   C．包修   D．保修

7．有时候顾客突然表现出友好和客气的姿态，如"要不要喝杯水""留下来一起吃饭吧"。这里顾客表现比较强烈的信号是（　　）。

    A．行为信号   B．表情信号

    C．事态信号   D．语言信号

8．推销人员遇到的最多、最常见的一种顾客异议是（　　）。

    A．推销品的价格   B．推销品的质量

    C．推销品的服务   D．推销品的包装

9．抓住顾客求利心理促成成交的方法是（　　）。

    A．请求成交法   B．选择成交法

    C．最后机会成交法   D．假定成交法

10．下列不属于顾客表现出来的成交信号的是（　　）。

    A．行为信号   B．表情信号

    C．事态信号   D．语言信号

三、多选题

1．成交是推销活动的（　　）。

    A．关键环节   B．一个过程

    C．最终目标   D．必然结果

2．建立顾客档案的流程包括（　　）。

    A．收集资料   B．整理档案

    C．应用资料   D．反馈信息

3．常见的推销人员的薪金报酬形式有（　　）。

    A．固定工资制   B．固定工资加佣金混合制

    C．佣金制   D．浮动工资加佣金混合制

4．处理顾客异议的时机有（　　）。

    A．不解答顾客的某些异议   B．立即回答顾客异议

191

C．推迟回答顾客异议　　　　　　　D．在顾客提出异议之前及时答复

5．在推销组织中，晋升的积极作用主要表现在（　　）。

A．充分发挥了被晋升者的潜力　　　B．发掘了本企业的人才

C．避免了推销员跳槽　　　　　　　D．强烈刺激了被晋升者

四、简答题

1．推销员在促成交易的过程中通常要克服哪些心理障碍？

2．常用的促成交易方法有哪些？

3．推销员在成交环节要注意防止哪些失误？

项目七

完美的省略号——售后工作

学习目标

了解商品销售之后的主要工作，掌握货款回收、客户档案建立、售后服务的主要方法及技巧，培养学生对售后工作的了解及重视。

李先生于 2017 年新买了一个 iPhone7 手机,使用还不到一年,在 2018 年的某个早晨,他发现手机一直没有网络,并显示"正在搜索信号"字样。他以为自己居住的小区信号不好,或者手机卡坏掉了。回到单位后,他重新开机,故障依然没有消除,将自己的手机卡放到别人的手机里时,却一切正常。他怀疑是自己的手机出现问题,于是上网搜索,结果发现苹果该批次的手机均有可能存在一个硬件故障——基带问题。

他很生气,几千元购买的手机用不到一年就坏了,不但影响心情,更因此错过了很多重要的电话!他马上打电话到苹果售后中心投诉,对方售后人员很认真地倾听了李先生的阐述后,首先表示歉意,也希望李先生能尽快将手机拿到就近的售后中心进行检测。

周末,李先生将手机带到售后中心,工作人员很热情地接待了他,并向他详细了解手机产生故障的时间及过程。随后,又当着李先生的面对手机进行了简单的检测,结果正如网上所说的一样,是基带问题。接待李先生的工作人员抱歉地说:"李先生,首先很抱歉对您造成困扰,我们将尽快帮您解决。"

得知李先生的手机尚在"三包"政策范围内,工作人员说:"李先生,我们将会把您的手机送到厂家去更换主板,但为了不影响您的工作和生活,我们将会提供一个备用机给您先用着,等您的手机维修好了之后,我们再换回您的手机,您同意吗?"李先生没想到居然还有个备用手机使用,很高兴地说:"本来我还是满肚子气的,但你们的解决方案我很满意。"

随后,工作人员帮李先生的手机进行了备份,并将资料传到备用手机上,李先生带着满意的心情离开了。回到单位后,李先生逢人便说苹果公司的售后到位。

案例思考

(1)本案例中,两位售后人员是如何解决李先生的问题的?

(2)当李先生从售后中心回来后,他做了什么事情?为什么他要这样做?

(3)现在明白售后工作的重要性了吗?

任务一　回收货款

　　小蓝最近老是愁眉苦脸，无精打采，一副悲情的样子。作为小蓝的直接领导，大雄决定问个究竟。"这几天咋回事啊？连打招呼都爱理不理？"小蓝："上次签的那个客户，到现在还未将货款打入公司的账户，本以为签了个大单，工资高一些，好买个苹果手机，现在都快一个月了，连手机的影子都没有。"大雄："你是怎么向人家要的？""还不是天天打电话给他们的采购？难道还有更好的方法？"大雄："你啊，来公司这么久了，还不懂得如何回收货款，仅仅靠打电话，有时候是不行的。"说着，大雄扔给小蓝一叠资料，封面写着"回收货款的方法及技巧"……

　　销售的目的是在满足顾客需求的基础上实现自身的利益。在此前提下，把商品销售出去并不代表整个销售活动的终结，只有消费者需求及企业自身利益同时得以满足，才算是真正意义上的成交。因此，推销人员必须对顾客进行成交后的跟踪，向顾客提供完善的售后服务，建立与发展顾客的长期关系，并快速回收货款、回笼资金。

一、回收货款的意义

　　从企业意义来讲，销货及回款是两个同样重要且相辅相成的概念。销货是企业将资金变成商品后，成功将商品销售给有需要的顾客；而回款则是将商品变成资金，使原始资金增值的重要过程。目前，很多企业衡量一个推销人员的业绩，都以最终回收货款作为主要依据。收不回货款是失败的推销，不但使企业蒙受损失，严重时可能会影响企业的存亡。因此，推销人员必须做好此项工作。

二、回款难的原因

　　一般来说，造成货款回收困难的原因主要有以下 3 个方面。

　　1. 经销企业原因

　　（1）管理不到位，激励制度欠缺或根本没有激励制度。将业绩与多种考核指标挂钩，或者不将业绩与货款回收率挂钩，都会大大挫伤推销员的积极性，使推销员不关心货款的回收情况，导致货款回收困难。

　　（2）品牌知名度低，产品销售量不理想，采购商（中间商）销售情况不佳，导致客户无力偿还货款。

　　（3）服务不周到、不完善，导致顾客故意拖延结账。

2．推销员原因

（1）责任心不强，没有及时跟进顾客的回收款情况。有时候明明顾客不想拖欠货款，但推销员认为这是财务的问题而不予以跟进，从而出现不该有的应收款。

（2）有意而为。因为工作上的一些摩擦或纠纷，使推销员与企业内部人员或企业本身产生矛盾，恶意人为造成货款回收困难。

3．采购企业（客户）本身原因

（1）商业信用差，故意拖欠货款。

（2）自身经营状况差，无力偿还货款。

（3）因自身发展需要，为保持充裕的资金流暂时不想偿还货款。

三、回款的方法和技巧

为使企业能够快速、完全回收货款，推销员应遵循一定的方法和技巧开展货款回收工作，并在以下几个方面加以注意。

1．成交前需要对顾客进行资信调查

顾客资信主要包含顾客的信用记录及支付能力两个方面，前者体现了顾客以前历次交易的信用情况，后者则体现了本次交易的资金能力。通过多渠道、多方位对顾客进行调查了解，可以帮助推销员有效甄别顾客、选择顾客，也是安全回收货款的重要保障。有时，即使可以交易，但由于顾客资信状况不良，最好也不要成交。对于首次交易的顾客，资信调查显得尤为重要。

2．应采取合适的收款态度

推销员应根据不同的客户、不同的金额，采取不同的收款态度展开收款工作。既不能太过软弱，避免货款难以收回；也不能过于强硬，以避免引起冲突，影响双方关系。而应以事实为根据，不卑不亢。

3．根据实际情况，多种方法和技巧交叉运用

回收货款的方法和技巧有很多，不同的人所选的方法也不尽相同，建议多种方法和技巧交叉使用，以增加货款的安全系数，为成功回收货款奠定基础。回收货款的方法和技巧有如下几种。

（1）在成交签约时明确规定付款的时间。

（2）推销员必须按约定的时间上门收款或催款，绝不能拖延；一旦拖延，会让顾客找到拖欠的理由。

（3）在顾客尚未按时结清上一轮货款的情况下，可暂停供应其第二批货物。

（4）随时了解顾客的资金情况，一旦账上有款，即进行收款。

（5）争取顾客的理解与同情，让顾客了解此笔款项对推销员的重要性。

（6）收款前需开好发票并带上，以免顾客以没有发票为由拖延时间。

（7）如顾客确实没钱按时结账，则再与顾客以书面的形式确定下次收款的时间和金额。

【小提示】

在与客户交往的过程中，一定要谨记人情牌、质量牌、价格牌几手抓：打人情牌能建立良好关系，让客户不好意思欠款；打质量牌和价格牌能使产品及价格无可挑剔，让顾客没有借口欠款。同时在催款时，应亲自上门，不能局限于电话。

任务小结

小蓝把主管大雄给他的资料看了之后，终于明白自己的问题出在哪里了：原来当时自己急于拿到这个单子，签订合同时，为了照顾客户，居然没有限定回款的时间，只用了"尽快付款"字眼，且一直都通过打电话催款，没有尝试过上门拜访。另外，自己的态度也较软弱，这些都是客户拖延付款的好借口。他想，应该马上与顾客签订一个补充协议，明确付款时间。

课堂活动

活动一 学会制作回收货款表

1. 活动目的

使学生学会制作回收货款表。

2. 活动内容和步骤

表7-1为一般企业回收货款计划、进度表，认识、了解该表的每项内容，并知道如何填写表格。

表7-1 回收货款计划、进度表

××××有限公司

_____年___月应收明细表（国内客户）

客户	订单详情							送货情况			收款情况		
	编号	品名	规格	单价（元）	订购量	金额合计（元）	预定收款日期	实送数量	应收金额（元）	发票号码	收款日期	收款金额（元）	余款（元）

推销实务（第2版）

活动二 案例分析

1. 活动目的

了解回收货款需注意的问题。

2. 活动内容和步骤

小张刚刚大学毕业，即应聘到一家纺织品企业从事销售工作。为了能在主管面前表现自己，他四处找客户。一天，经同学介绍，他认识了市内某服装企业的采购，在未完全了解该服装企业的情况下，他开心地与对方签订了销售合同。另外，为让对方感觉到自己的诚意，他给予对方多种优惠，包括价格、配送等，同时，在约定付款时间时，也碍于同学的面子，只是简单地写上了"收到货后3个月内付款"。

（1）小张上述做法有无问题？

（2）这种做法有可能出现什么风险？

（3）如果你是小张，你会如何做？

（4）和你的同学商量一下，如果货款收不回来，应该怎么做？

任务二 建立客户档案

一天，小紫经过销售经理佳敏的办公室，听到佳敏在给客户打电话："黄经理您好，我是佳敏，您上月18日进的那批货现在使用效果如何？算起来，那批货现在也用得差不多了，什么时候过来再采购一些？下星期你们新店开张，我已经订了一个花篮，到时候派人送过去。"等佳敏打完电话后，小紫吐了一下舌头，不解地问："经理，您怎么知道黄经理那么多事情？"佳敏笑了一下，拍着小紫的肩膀说："我之所以对黄经理那么了解，是因为我为他建立了一个档案，上面详细描述了他的一些资料，来，趁现在有空，我跟你说一说客户档案的事情。"说着，就把小紫拉到椅子上，说了起来……

一、建立顾客档案的重要性

案例 7-1

小张做业务已有一段时间，手头上也积累了不少客户资源，他很想像其他同事一样，偶尔打电话和客户联络一下感情，却无从打起。因为他手上的资料实在太乱，不知道应该打给谁，应该什么时候打。

案例分析

　　有效的客户档案可以让销售工作更有计划性和条理性，从而提高工作效率。

课堂随笔

　　顾客档案是记载有关目标顾客详细资料的档案，包括顾客的姓名、地址、电话、购买需求、欲望、偏好，甚至顾客的一些私人资料，如生日、家庭成员等。建立顾客档案，有利于推销员有计划、有目的地对顾客进行追踪及拜访。

　　1. 顾客档案有利于为客户提供个性化服务，更具人情味

　　顾客的满意度和忠诚度是企业的终极目标，服务的标准化、规范化，可以保障服务质量，增加顾客满意度和忠诚度。具有个性化的服务，则更能针对性地为顾客提供所需的帮助，让顾客更觉贴心，更具人情味。

　　顾客档案的建立，能使推销人员对每一位顾客的特点、性格、爱好都有所了解，更能提供人性化、差异化的服务。

　　2. 顾客档案有利于开展商品销售，增加二次购买的概率

　　顾客档案的建立，使推销人员对顾客的特性更加了解，推销人员可以根据档案，适时向顾客发出生日祝福、售后回访等，也可以适时寄出公司的宣传资料，还可以根据顾客的特殊需求提供特殊的服务等，从而使顾客觉得满意，增加二次购买的概率。

　　3. 顾客档案有助于发现理想顾客，扩大顾客队伍

　　顾客档案的建立，有助于推销人员了解"谁是顾客""顾客的需求是什么""如何满足顾客的需求"等，通过对档案的分析，可以帮助推销人员从中发现理想顾客，扩大顾客队伍。

　　4. 顾客档案有利于避免因推销人员的变动而造成顾客流失

　　由于顾客档案具有可记录性、可保存性，故可避免因人员变动而造成的顾客流失。

二、顾客档案的形式

　　顾客档案的形式主要有条文式和表格式。

1. 条文式

内容较详尽，便于存档查询，但因为格式不统一，故限制了其查阅的便捷性。

```
姓名：
性别：
电话：
购买日期：
购买数量：
购买金额：
每次大概购买的时间：
公司地址：
公司规模：
性质：
```

2. 表格式（见表7-2）

内容较详尽，重点突出，简单明了，便于存档查询和推销人员随身携带。

表7-2　××邮政局顾客档案表

编号：××××××

（一）基本信息				
单位名称			地址	
经营范围			企业规模	
联系人		职务	联系电话	
（二）用邮情况				
用邮方式			用邮数量	
是否存在其他用邮需求			用邮金额	
（三）企业潜在用邮信息				
单位　　　人				

三、顾客档案的主要内容

顾客档案的主要内容如表7-3所示。

表7-3　顾客档案的主要内容

（1）基本情况	包括顾客姓名、性别、籍贯、民族、出生年月日、工作单位、任职部门、职务、职称、工作内容、性格爱好、起居习惯、体貌特征等
（2）联系方式	包括工作及住宅所在地、电话、传真、网址、个人手机号码等
（3）受教育情况	包括文化程度、就读学校、所学专业、学术成就等

(续表)

（4）婚姻状况	包括婚否，夫妻感情，结婚纪念日，配偶的姓名、受教育程度、工作单位、部门、职务、职称、性格爱好等
（5）子女及家庭其他主要成员	包括子女及家庭其他主要成员的姓名、性别、出生年月日、受教育情况、就读学校、工作单位、职务、性格爱好等
（6）经济情况	包括家庭财务情况、投资情况、债务情况等；若是团体组织，则应了解该团体组织的生产经营规模、储运能力、销售实力、投资情况、市场占有率及融资能力等

四、有效的顾客档案的建立

（1）应坚持做到每接待完顾客，立即填写顾客资料并建立顾客档案。

（2）填写的重点应包括顾客的基本情况、顾客对产品的要求、最后成交的原因或未能成交的原因。

（3）根据顾客成交的可能性，将顾客分成四个等级：很有希望、有希望、一般和机会渺茫，然后有侧重点地进行回访。

（4）其他注意事项。

① 建立的档案信息必须准确、详尽。

② 档案应留有空白，以作日后补充之用。

③ 建立档案后，推销人员应制作简易携带资料，以便外出拜访顾客时使用。

④ 应在档案上注明填写的时间、制作人等，此外还需特别注明最易成功的方面。

⑤ 资料应备份，以防丢失。

任务小结

小紫听了佳敏的一番话后，终于明白佳敏为什么能对顾客的情况了如指掌了，也认识到建立客户档案在开展业务过程中的重要性。她决定马上按照佳敏所教的方法，为自己的客户制订一份详细的档案，以做到有的放矢，同时也有利于稳定自己的客源。

课堂活动

活动一 建立并填写客户（个人）档案

1. 活动目的

学会建立客户（个人）档案。

2. 活动内容和步骤

推销实务（第2版）

阅读以下资料后填写表7-4。

石家庄市胜利小区位于石家庄市××路3号，共有居民400户。经我营销员调查：其中15号楼××室户主姓谢，年龄在32岁左右，是一名外企员工。谢先生业务繁忙，爱好颇多，业余时间喜爱看足球、篮球、排球比赛，特别喜爱打网球，同时酷爱旅游，且经常通过电话或网络购物来满足这些较高层次的消费需求。他除在电话中订阅一些报纸和杂志外，还经常使用快递业务。调查中还了解到谢先生今年增加了不少重要客户，想在年底前为他们送上祝福，朋友建议他使用邮政礼仪业务，但对于邮政礼仪业务的种类他不是很清楚，亟须知晓。根据以上的调查，我营销员决定上门对谢先生宣传和推销邮政业务，侧重点是邮政礼仪和邮政速递业务。

表7-4　客户（个人）档案表

姓名		住址	
年龄		职业	
兴趣爱好			
消费需求		购买方式	
经常使用的邮政业务		继续了解的邮政业务	
营销员的推销方式		推销的主要业务	

活动二　根据信息填写客户（企业、组织、团体）档案

1. 活动目的

学会建立客户（企业、组织、团体）档案。

2. 活动内容和步骤

阅读以下资料后填写表7-5。

长城汽车股份有限公司位于河东市朝阳南大街，是产品销往全球120多个国家和地区的大型跨国汽车企业，也是在香港H股首家上市的民营汽车企业。目前下属控股子公司30余家，员工3 300多人，具备50万辆整车产能和汽柴发动机、变速器、前后桥等核心零部件的自主配套能力。该公司连续十余年创造了高增长和高盈利的业绩。两次入选福布斯中国顶尖企业100榜；荣列"中国500最具价值品牌"；被评为"最具价值汽车类上市公司"；被中国机电产品进出口商会评为"推荐出口品牌"，也是商务部、发改委授予的"国家汽车整车出口基地企业"。

某邮政局2007年与该公司建立了良好的合作关系，汽车零部件的配送大部分由邮政物流运递。经过近10年运作，2016年共运递汽车零部件700万余件，年用邮2 000余万元。通过与其市场部主任朱经理多次沟通，我们了解到该公司业务领域不断拓展，目前亟须扩大市场，进行业务推广和形象宣传。

表7-5　客户（企业、组织、团体）档案表

（一）基本信息				
单位名称			地址	
经营范围			企业规模	
联系人		职务	联系电话	
（二）用邮情况				
用邮方式			用邮数量	
是否存在其他用邮需求			用邮金额	
（三）企业潜在用邮信息				
单位　　　人				

任务三　保持与客户的长期联系

　　佳敏、大雄、小紫、小蓝一起吃午饭，小蓝忽然愁眉苦脸地说："我昨天打电话给一个大客户，本想跟踪一下产品的使用情况，顺便拉近一下距离。谁知道他们公司搬家了，电话号码也换了，悲催啊！"佳敏问："你多久没有打过电话给他了？"小蓝不好意思地笑了。大雄摇了摇头："你啊！什么都好，就是太懒了。这样的大客户，居然不经常保持联系，我不知道怎么说你好了。"佳敏望了大雄一眼，想了想说："既然今天两个新人都在，我就趁这个时间，好好跟你们聊一下怎样与客户保持长期的联系。"小紫和小蓝静下心听佳敏慢慢道来……

一、与客户保持长期联系的必要性

案例 7-2

　　甘先生是大鹏公司的客户主管，每天上班，他要做的第一件事便是翻开客户档案，找出需要联系的客户，挨个打电话。按照他的话说，他的谋生工具就是电话，只要经常与客户沟通，订单就会源源不断地飞过来。

203

案例分析

经常与客户联系，可以保持客户的稳定性。

1．与客户保持长期联系，有利于获取顾客对产品的评价信息

企业的营销目标是满足顾客的需求，即顾客之所以愿意成交，是因为所买商品或服务能满足他的要求，符合他的期望值。作为推销人员，只有不断地与顾客沟通，建立良好的关系，才能获得顾客对产品的真正评价，才能知道产品的优、缺点在哪里，才能提供符合顾客要求的产品或服务。

2．与客户保持长期联系，有利于发展和壮大自己的顾客群

交易完成后，需要经常回访顾客，了解产品的使用情况、存在问题等，提供良好的售后服务。与顾客建立良好的关系，从而可以连续、多次地向顾客推介商品，促成购买；与顾客保持良好的关系，可以防止竞争者渗入，抢走顾客；此外，老顾客还会把身边的家人和朋友介绍给推销人员，使他们成为新客户，使客户群不断壮大。

二、与客户保持联系的方法

（1）通过信函、电话、电子邮件、走访、面谈等形式。

（2）通过售后服务、上门维修等形式。

（3）在本企业的重大日子或举办各种活动时，邀请顾客参与，或寄送优惠券、资料等。

（4）在传统节日或国家法定节假日到来之际，向客户传递节日的问候。

（5）到客户个人的节日，如生日、各种纪念日等时，向客户致以节日的问候。

三、了解客户的满意程度

客户满意度指的是客户购物或享受服务后的感受与其期望目标之间的差值。一般说来，如果实际购物感受比期望目标高，则满意度就高；而实际购物感受比预期要差，则满意度就低。

作为推销人员，必须充分了解顾客的满意度。因为满意度决定着顾客的忠诚度，如果满意度不高，势必影响顾客对产品或服务的忠诚度，从而影响产品或服务的再次销售。因此，推销人员必须与顾客建立长久有效的沟通联系机制，形成良好关系，及时解决顾客在

购物过程中及购物后的各种问题，争取顾客进行重复购买或者介绍朋友进行购买。

任务小结

经过佳敏及大雄的介绍，小紫和小蓝这才明白成交并不代表交易的终结，而是新的交易的开始。要使顾客重复购买、增加购买，与客户建立长期友好的关系是必不可少的。而这种友好关系，正是建立在不断与顾客沟通协调的基础之上的。

课堂活动

活动一　分析案例，说说推销员做得好不好

1. 活动目的

了解和掌握与客户沟通的要点和技巧。

2. 活动内容和步骤

一名推销员与顾客初步交流后，客户说："好，你给我些资料看看。"推销员通过电子邮件把资料发过去后，再次打电话给顾客。以下是他们的对话。

推销员："今天跟您通电话，就是想跟您确认一下资料是否收到。"

客户："收到，谢谢。"

推销员："那有什么疑问的地方没有？"

客户："没有，谢谢。"

推销员："如果是这样，那让我们保持联系，如果以后有什么需要的话，请随时与我联系！"

客户："好的，好的，一定，一定！"

活动二　小组讨论

1. 活动目的

了解与潜在客户沟通和建立关系的技巧。

2. 活动内容和步骤

徐强是一家家电企业的推销员，最近，他与一个学校签订了一份50台液晶电视机的购销合同。合同签订后，他很快就把货物备齐，也顺利地收到了余款。最近，徐强听说该学校有一项大型活动要在年底开展。

（1）收到余款后，徐强应该怎么做？怎样维持与学校的关系？

（2）你认为徐强听说学校要开展大型活动后，应该怎么做？

一、判断题

1. 推销人员只负责商品的销售就可以了,回收货款的问题不是推销人员的任务。（   ）

2. 成交前需要对顾客进行资信调查。　　　　　　　　　　　　　（   ）

3. 顾客档案不能发现潜在顾客或理想顾客。　　　　　　　　　　（   ）

4. 顾客档案内容越详尽,对顾客的了解就越透彻。　　　　　　　（   ）

5. 档案应进行必要的备份,以防丢失。　　　　　　　　　　　　（   ）

6. 顾客档案不利于开展商品销售,增加二次购买的概率。　　　　（   ）

7. 推销员应根据不同的客户、不同的金额,采取不同的收款态度展开收款工作。（   ）

8. 与客户保持长期联系,有利于发展和壮大自己的顾客群。　　　（   ）

9. 收不回货款的推销是失败的推销。　　　　　　　　　　　　　（   ）

10. 与顾客保持良好的关系,可以防止竞争者渗入,抢走顾客。　　（   ）

二、单选题

1. 顾客档案的形式有条文式和（   ）。

    A. 表格式　　　　　　　　　　　　B. 图文式

    C. 图案式　　　　　　　　　　　　D. 图表式

2. （   ）指的是顾客购物或享受服务后的感受与其期望目标之间的差值。

    A. 顾客忠诚度　　　　　　　　　　B. 顾客满意度

    C. 顾客心理　　　　　　　　　　　D. 售后服务

3. 企业的营销目的是（   ）。

    A. 满足顾客需要　　　　　　　　　B. 销售商品

    C. 回收货款　　　　　　　　　　　D. 提供良好的服务

4. 下列说法正确的是（   ）。

    A. 与客户保持长期联系,不利于获取顾客对产品的评价信息

    B. 与客户保持长期联系,不利于发展和壮大自己的顾客群

    C. 顾客满意度高,忠诚度就会高

    D. 及时解决顾客在购物过程中及购物后的各种问题,不能提高顾客的满意度

5. 关于顾客档案，下列说法错误的是（　　）。

 A．建立档案的信息必须准确、详尽

 B．档案不应留空白，以免造成档案占用较大的空间

 C．建立档案后，推销人员应制作简易携带资料，以便外出拜访顾客时使用

 D．应在档案上注明填写的时间、制作人等，此外还需特别注明最易成功的方面

 E．资料应备份，以防丢失

三、多选题

1. 货款回收难是（　　）的原因。

 A．经销商　　　　　　　　　　　B．推销人员

 C．客户　　　　　　　　　　　　D．政府

2. 根据顾客成交的可能性，可以将顾客分成（　　）几种类型。

 A．很有希望　　　　　　　　　　B．有希望

 C．一般　　　　　　　　　　　　D．机会渺茫

3. 回收货款时应注意（　　）。

 A．成交前需要对顾客进行资信调查

 B．应保持合适的收款态度

 C．根据实际情况，多种方法和技巧交叉运用

 D．应充分考虑客户的难处

4. 下列（　　）方式可以与顾客保持联系。

 A．通过信函、电话、电子邮件、走访、面谈等

 B．通过售后服务、上门维修等

 C．在本企业的重大日子或举办各种活动时，邀请顾客参与或寄送优惠券、资料等

 D．在传统节日或国家法定节假日到来之际，向客户传递节日的问候

 E．到客户个人的节日，如生日、各种纪念日等时，向顾客致以节日的问候

5. 推销人员（　　）会导致回收货款困难。

 A．形象不好　　　　　　　　　　B．对商品了解不足

 C．回款责任心不强　　　　　　　D．推销员有意而为

附录A 模拟推销综合实训

1．实训目的和内容

实训目的：

通过训练，综合考查学生对相关推销技术知识的掌握程度与灵活运用知识指导实际推销活动的能力。学生应能正确分析推销过程中的影响因素，并有针对性地利用各种技能和技巧开展推销活动。

实训内容：

（1）以小组为单位，选择一些小商品，面向本班同学、其他专业学生和教职工进行推销。

（2）小组销售目标明确、销售计划可行。

（3）小组分工得当，组织合理，每位成员积极参与。

（4）小组成员完成相应推销任务。

2．实训过程及要求

（1）各组选择商品，制订推销方案。

（2）各组派代表到台上给大家演示和说明自己的推销方案。

（3）各组先自己模拟一遍，找出问题和不足。

（4）各组进行推销（各组自己安排资料和人员）。

（5）组织学生评价：每组演练完后立即组织全班学生讨论讲评，并提出后续各组完善的要求。

3．实训成绩评定标准

（1）考核依据（见表A-1）。

表A-1 考核标准

项　　目	评分标准	分　　值	得　　分
组织、设计	场景设置、氛围、道具安排与摆放	4	
	参加人员占组员人数的50%以上	3	
	角色分配合理、均衡	3	
推销背景	推销之前对推销品所在市场、推销对象有清晰的认识	5（方案）	
推销品	推销品的选择是否有代表性，是否有特点，是否有样品	5（方案3+现场2）	
寻找顾客	潜在顾客的确定方法是否恰当，准顾客是否符合条件（根据推销品的特点）	10（方案）	

尾 声

一年过去了……

小紫和小蓝由最初的懵懵懂懂到现在的日渐成熟，有失败的沮丧，也有成功的喜悦；有遇到挫折时的迷茫，也有满足顾客需要时的欢欣。他们知道了——成功不是偶然的。

推销，是 21 世纪接触消费者最有力的方法。营销职业，是很容易使人致富、令人激动的职业。

让我们和他们一起，向自己的梦想承诺！

我相信：

我是最有活力、成长最快、最有信心的人，这是我成功的最佳所在。

我是营销队伍中的优秀成员，我们有行业中最好的销售商和队伍。

我善于学习，并能实现前所未有的梦想和成就。

我为成为 7 000 万（名）营销大军中的一员而自豪与激动，这使我能改善生活、实现梦想、改变世界。

我发誓将怀着激情，尽我的努力去做每一件事情。

这就是我为什么一定能成功！

签名：＿＿＿＿＿＿

（续表）

项　目	评分标准	分　值	得　分
推销接近	接近顾客的方法和技巧的实施情况	10（方案5+现场5）	
推销洽谈	洽谈的导入、导入技巧和方法是否适当	15（方案5+现场10）	
异议处理	处理异议的方法、技巧是否得当	15（方案5+现场10）	
达成交易	能否把握有效的成交时机，成交策略和方法的运用是否得当	15（方案5+现场10）	
推销现场表现	服饰及握手、接（打）电话、递（接）名片、面谈的礼仪	5	
	营销理论的运用情况	5	
综合印象		5	
合　计		100	

（2）成绩评定的等级。每次 10 分为总分，0.5 分为一个等级。

209

推销实务（第2版）